다시, 서쪽으로 가다

SOUL RUSH

일러두기

1. 외국어 표기는 국립국어원에서 권장하는 외래어 표기법을 따르되
   스페인어나 인디언 말에서 유래한 단어는 현지 발음에 가깝게 적었습니다.
2. 저자가 평소 이용한 아시아나항공 비행시간을 기준으로 스케줄을 짰습니다.
   항공편에 따라 일정을 1~2시간 조정하세요.
3. 거리 단위는 여행 중 편의를 위해 미국은 마일, 캐나다는 킬로미터로 표시했습니다.

다시, 서쪽으로 가다

**40년간 자동차로 누빈
미국 서부 로드 트립**

오남수 지음

b.read

추천의 글

    오남수는 나의 오랜 친구다. 오남수는 세상을 받아들여 친화하는 마음의 폭이 넓다. 이 점이 나와 다르다. 그는 이 마음의 폭에 의지해 대기업 경영자로서 선도적 역할을 감당해 왔다.
    오남수의 미국 여행기는 미 대륙 산하의 거대한 구도를 보여주면서 그 구석구석에 박혀 있는 디테일을 섬세하게 챙긴다. 오남수의 글에서는 숨어 있는 것들이 빛난다. 눈 덮인 산골짜기 인적 없는 마을의 작은 여관과 카페의 평화로 독자를 인도할 때 오남수의 글은 아름답다. 이것이 그가 세상을 받아들이는 방식이다. 여행은 세계의 속살로 들어가는 일이다. 여행은 연애와 같다.

김훈 소설가

오남수 선배는 내가 사회에서 만나 선배로 모시는 단 한 사람이다. 어디에 가자고 하면 묻지 않고 따라나서고, 무엇을 하자고 해도 재지 않고 함께 할 수 있는 분이다.

그렇게 따라나선 두 번의 여행이 이 책에 담겨 있다. 그 여행에서 나는 전 세계를, 또 미국을 수도 없이 많이 드나들면서도 전혀 보지 못하고 느끼지 못했던 충격과 감동을 안고 돌아왔다. 그 전까지 가져오는 여행을 하다가 그때 처음으로 두고 오는 여행을 했기에 아직도 내 영혼은 그곳에 남아 있다.

나를 비롯해 그분을 따르는 여럿이 함께 한 여행이었고, 그 여행에 매료된 일행은 모두 입을 모아 오 선배에게 책을 쓰라고 권했다. 그런데 막상 책이 나온다니 살짝 후회하는 마음이 앞선다. 영혼이 흔들릴 만큼 그토록 매혹적인 곳이 널리 알려져 너무 많은 사람이 찾게 된다면 혹시나 거기에 두고 온 내 영혼이 다치지나 않을까 싶은 탓이다.

그럼에도 내가 아는, 또 모르는 많은 분이 이 책을 읽기를 바란다. 오남수 선배가 하나씩 묻고 찾아 평생을 품고 간직한 더없이 아름다운 세상을 오롯이 담은 책이기 때문이다. 좋은 것은 많은 사람과 나누어야 한다는 참으로 순결한 마음으로 쓰신 책이기 때문이다.

홍승찬 한국예술종합학교 교수

반가운 사람들을 만나 격의 없이 대화하고 먹고 마시는 일은 항상 즐겁다. 이 책의 저자 오남수 선배와 함께하는 자리는 그 즐거움과 풍요가 몇 배로 늘어난다. 저자를 안 지는 꽤 오래되었는데, 매달 한 번씩 만나는 와인 모임 '삼수회'를 함께하며 더욱 깊은 인연을 맺었다. 모임 구성원 여덟이 저마다 삶에서 매진해온 분야가 달라 무슨 이야기든 재미있다. 특히 오 선배가 이야기를 시작하면 어린 시절 동네 만화방에서 조무래기들이 함께 모여 보던 흑백텔레비전의 만화영화 <황금박쥐>를 능가하는 흥미진진한 스토리가 펼쳐지며 좌중을 초집중 모드에 빠뜨린다. 각 분야에 대한 해박한 지식에 이야기에 등장하는 사람, 정확한 지명이나 상호에 얽힌 역사적 배경, 개인적 사연과 경험이 보태져 색색으로 채색되고 풍성해져 스토리는 군침 도는 풍미 넘치는 요리가 된다. 소박한 오래된 식당 하나를 품은 마을과 길이 그 역사와 배경이 보태져 오래된 사연이 본모습을 드러내며 종국에는 마치 숲속에 숨어 있던 요정들의 비밀스러운 사연이 수면 위로 떠오른다. 메모를 시작해야 하는 순간이다. 아주 오래전 한두 번 지나온 미국의 길과 작은 마을 이름 하나하나를 정확히 기억하며 이야기를 펼치면 바로 직전에 몇 시간 동안 외워 오신 것이 아닌가 싶을 때가 한두 번이 아니다. 소위 '포토 메모리'를 장착하신 것 같고 특히 지정학적 감각이 더해진 그 탁월한 기억력에 깊이 있는 지식과 감성이 어우러지면 그날의 대화는 한 편의 다큐멘터리가 되고, 동석한 벗들은 충실한 수험생이 되어 받아 적느라 분분하다. 대부분 일주일만 지나도 기억하지 못하지만 말이다. 오 선배는 한마디로 진실과 사실 그리고 역사에 온갖 사연과 뒷이야기로 생생한 현실감을 불어넣는 탁월한 이야기꾼이다.

늘 기다려지는 그 만남. 그 자리에서 감탄사를 쏟아내며 듣던 재미난 이야기들, 지금도 내 메모장에 남아 있는 기록이 적지 않다. 그중 일부, 미국의 여행길에 대한 이야기를 책으로 내신다는 소식에 흥분된 마음으로 기다려왔다. 수년 전 오 선배님이 밀도 높게 짜신 여행 계획대로 일주일에 걸쳐 와인 모임 동지들과 미국 캘리포니아 와이너리 투어를 다니며 행복했던 추억이 떠오른다. 신기하게도 유명한 와이너리를 방문한 기억보다 여행길에 거쳐간 조그만 모텔들, 특별할 것 없어 보이는 햄버거 가게, 소담한 식당들, 그리고 공원에서 듣던 마을의 역사 이야기가 여행길을 더욱 빛나고 풍성하게 했다. 나는 이미 그 모든 기억이 가물거리는데, 지금도 그때 얘기가 불쑥 튀어나와 더듬거리면, 오 선배는 그때 간 식당 이름과 무슨 일이 있었는지를 정확히 되짚어주신다. 나로선 그저 그 비범한 능력에 놀랄 따름이다. 이번에 긴 시간 준비해 쓰셨다는 이 책은 영혼을 위로해줄 진심을 가득 담은 채 검색 엔진에서 찾아보는 흥미로운 상식이나 넷플릭스의 히트작보다 더욱 드라마틱한 이야기와 생생한 추억을 쌓아가는 경험으로 이끌 통로가 되어줄 것을 믿어 의심치 않는다. 새로운 의미의 여행을 마음에 품은 분이라면 오 선배의 이 여행길을 꼭 따라 가보시기를 간절한 마음으로 권한다. 무엇보다 소중한 기억과 경험, 그 감성을 공유해 주신 오 선배에게 감사드리며….

백세현 고려대학교 의과대학 교수

프롤로그

다시 가고 싶은 곳

　　　　누군가 내게 살면서 언제 가장 좋았느냐고 묻는다면 기억나는 모든 것이 좋았다고 말하겠다. 살다 보면 맑은 날도 있고, 궂은 날도 있지만 지나고 보면 모든 것이 그립다. 인생에 어찌 기쁘고 반가운 일만 있었을까마는 나쁜 것을 굳이 기억할 이유는 없지 않은가. 좋은 것만 기억하기에도 시간과 에너지가 모자라다.
　　　　어느 날, 문득 더 이상 세고 싶지 않은 나이가 되었다는 사실을 깨달았다. 2019년 알래스카를 다녀온 후 친구들과 스페인 산티아고 순례길로 자동차 여행 계획을 잡았다. 포르투갈 리스본에서 포르투를 거쳐 산티아고에 들렀다가 빌바오와 산 세바스티안까지 가보겠다고 계획한 여정이었는데 이제 그럴 시간도 없고 그때의 감흥도 사라졌다.
　　　　지난한 팬데믹의 시간을 보내고, 지금 여행을 간다면 목적지는 그곳이 아니다. 나는 이제 새로운 장소에 가고 싶지 않다. 내 인생 마지막으로 긴 여행에 나선다면 어디로 갈 것인가. 여러 번 곱씹어 생각해도 나는 미국의 몬태나주와 북캘리포니아의 멘도시노, 인파는 많지만 추억이 많은 요세미티 국립공원이다. 생의 남은 시간을(젊을 때는 미처 생각이 거기에 미치지 못하지만 우리는 모두 죽음을 향해 한 발씩 내딛고 있고, 누가 언제 도달하리라는 정해진 룰도 없고, 누구도 쉽사리 장담할 수도 없다!), 지난 세월처럼 숨 가쁘게 내달리듯 보내고 싶지 않다. 그렇다고 어영부영 살고 싶지도 않다. 누릴 수 있는 풍경을 최대한 오감으로 감각하면서, 내가 자연과 우주의 일부임을 인식하면서 길 위에 있고 싶은 것이 나의 수수하고도 거창한 소망이다.

　　　　요즘에는 어디든, 짧게라도 여행을 떠날 때면 나의 마지막 여행일 수 있다는 생각을 한다. 생애 처음으로 겪은 전 지구적 팬데믹 때문이다. 이 언제 끝날지 기약 없는 통제를 견디던 나날은 우리 또래에게는 특히 갑갑증과 두려움을 안겼다. 질병에 대한 두려움도 있지만, 이렇게 발이 묶인 채 세월을 보내는 데 대한 아쉬움과 안타까움이 더하다.

　　　　초기에는 느닷없이 들이닥친 '제한'에 이런저런 모임이 없어 한갓지다는 생각에 그럭저럭 느긋하게 지낼 수 있었다. 길고 긴 시간이 지나 팬데믹 상황이 조금 나아졌다고 해서 완전히 예전처럼 회복되리라는 보장은 없다. 우리가 몰랐던 새로운 바이러스가 창궐할 수도 있다. 그러니 어딘가로 떠날 궁리를 하면서도 마음 한쪽이 켕기고 어쩐지 조마조마하다. 그래서 나는 인파가 몰리는 유럽보다는 미국, 그중에서도 서부를 여행하라고 추천하고 싶다. 동부는 국립공원 수도 적고, 인구도 많아 몰리는 데는 우리나라 못지않게 붐빈다. 로키산맥 서쪽인 서부 10개 주에 29개에 달하는 국립공원 숫자가 말해주듯이 수려하고 장엄한 자연환경을 품고 있다. 미국인이 선호하는 낭만적인 휴양지에서 그야말로 그림 같은 작은 마을도 만날 수 있다. 고풍스러운 서점과 카페가 있는 매력적인 거리와 친절한 마을 사람들. 미국 사람들이 대도시의 번잡스러운 일상과 소음을 비롯한 온갖 공해에서 벗어나 가족이나 친구들과 이곳을 찾는 이유를 기꺼이 공감할 수 있다. 무엇보다 아름답고 웅장한 자연은 우리의 지친 영혼을 위로

한다. 모두가 알고 있듯이 19세기 후반에 캘리포니아에서 금이 발견되며 수많은 사람들이 금을 찾아 서쪽으로 서쪽으로 몰려들던 상황을 골드러시라고 한다. 시카고대학교 데이비드 브룩스David Brooks 교수는 이에 빗대어 지친 도시인의 자연을 향한 갈망을 '소울 러시soul rush'라 명명했다.

여행은 성수기와 비수기를 피해 숄더 시즌shoulder season에 가야 온전히 누릴 수 있다. 미국의 경우 국립공원마다 약간씩 차이가 있지만, 폭설에 길이 끊길 위험이 있는 알래스카 하이웨이를 제외하고는 대체로 미국의 휴일이 끝나는 9월 초순에서 10월 중하순에 여행하는 것이 좋다.

미국 국립공원은 자동차로 가야 한다. 대개 패키지여행 상품은 유명 관광지 위주로 다니고 선택지도 제한적이어서 이방인으로서 현지의 문화를 느낄 기회가 현저히 적다. 자유 여행, 그중에서도 자동차로 여행하면 훨씬 더 여유롭다. 정해진 시간에 딱딱 맞추지 않아도 되니 일정에 얽매이지 않고 원하는 대로 여정을 선택할 수 있다. 멈추고 싶으면 멈추고, 떠나고 싶으면 떠나고, 쉬고 싶으면 쉰다. 물론 길 위에 오르면 욕심이 생겨 달리게 되지만 말이다.

미국 서부는 최고의 자동차 여행지다. 도로가 한산해 마음껏 달릴 수 있고, 길가에 멈추고 싶은 풍광이 빼어난 장소가 속속 등장한다. 풍경이야 유럽에도 이만한 곳이 드물지 않겠지만 미국 국립공원으로 가는 길은 산길이라도 유럽처럼 도로가 좁거나 구불구불하지 않다. 그러니 자동차로 여행하기에는 미국 서부가 단연 최고다.

게다가 유명한 옐로스톤과 요세미티, 글레이셔 국립공원 외에도 수 많은 국립공원이 저마다 위용을 뽐내며 자리를 지키고 있다. 대자연 이 선사하는 안식과 행복은 그 어떤 물질적 사치에 비할 바 아니다. 여행의 스트레스 해소 효과가 어마어마하다는 연구 결과가 있다는 데, 굳이 그런 자료를 들이대지 않아도 자연 속에 머물다 보면 심신이 상쾌하고 건강해지는 것을 피부로 체감할 수 있다.

나는 1980년대 미국 주재원으로 근무하던 시절, 주말이면 가족과 자동차 여행을 다니곤 했다. 두 아이가 각각 여섯 살, 한 살 이던 시절, 내가 운전하고 아내는 지도를 무릎에 얹은 채 손으로 짚 어가며 안내했다. 내비게이션도 스마트폰도 없던 때, <트리플 에이 AAA>에 회원으로 가입하고, 거기에서 제공하는 투어북과 지도를 들 고 떠났다. 이런 모습을 지켜본 지인들은 여행 가고 싶을 때면 으레 나를 찾았다. 그리고 이는 일종의 관례처럼 굳어져 지금까지 이어지 고 있다. 나는 친구들의 여행 루트를 짜주는 일이 즐겁고, 그들이 그 렇게 떠난 여행에서 행복과 설렘을 느끼고 돌아오면 마냥 기쁘다. 아 름다운 풍경과 추억을 많은 사람과 나누고 싶어 이 책을 쓴다. 시간이 남거나 일정이 틀어져 우연히 발견한 곳, 지도를 펼쳐놓고 다닌간 여 행을 다닌 나의 감으로 찾아낸 현지인도 모르는 곳도 아낌없이 소개 했다. 우리 모두 열심히 살았다. 여행을 통해 여러분의 삶이 깊어지기 를, 영혼의 위로와 안식을 찾을 수 있기를 바란다.

차례

추천의 글 4
프롤로그 8

ROUTE 1
몬태나, 신의 숨결을 느끼다　　　　　　　　　　　　　　　　18

몬태나를 호젓하게 누리는 때　21
골드러시를 지나 소울 러시로　23
월요일에 쉬고 싶다　25
천국보다 아름다운　28
미국에서 가장 쿨한 동네, 보즈먼　30
흐르는 강물처럼　31
쿠어달린 플로팅 그린의 추억　32
잭슨홀과 선밸리, 미 서부 최고의 럭셔리 빌리지　36
헤밍웨이가 사랑한 선밸리　39
보이시, 바스크의 아픈 역사를 간직한 곳　44
왈라왈라, 나파밸리를 잇는 새로운 와인의 성지　46
자유롭게 떠도는 일에 대하여　48
OH'S TRAVEL NOTE　50
OH'S TRAVEL TIP 렌터카 빌리기 | 주유소 이용하기　55

Montana &
Wyoming State

ROUTE 2
보석 같은 바닷가 마을이 펼쳐진다　　　　　　　　　　　　　　56

머리 위 만년설과 발아래 침엽수림　59
<트와일라잇>의 마을, 포크스를 지나서　62
꼭 가봐야 할 곳, 캐넌 비치　64
그럼에도 아빠는 방을 구했다　66
오리건 코스트의 보석, 야하츠　68
오리건 와이너리의 젊은 부부　70

Washington &
Oregon State

Life is Wild 71
포틀랜드 대신 후드리버, 과일나무 사이로 73
소설가 잭 케루악이 산불감시원으로 활약한 곳 78
종이 지도를 펼치고 여행하다 80
시닉 로드를 누비는 자동차 여행의 묘미 82
OH'S TRAVEL NOTE 84
OH'S TRAVEL TIP 공항이나 주유소에서 사지 말아야 할 스낵 91
워싱턴주 와인 92 | 오리건주 와인 93

ROUTE 3
끝없는 원시림을 지나 미국의 끝 알래스카와 캐나다까지 94

Alaska Highway & Canadian Rockies

지구에서 가장 높은 고속도로 97
렌터카는 편도로 빌린다 100
캐나디안 로키를 거치는 여정 102
캐나디안 로키에 태극기는 휘날리고 105
밴프에는 50개의 스위스가 있다 108
고향을 그리워하는 마음, 사인 포스트 포레스트 112
배추김치가 있는 뉴 도쿄 스시 114
브리티시컬럼비아주를 떠나며 115
눈 덕분에 발견한 그림 같은 마을, 스캐그웨이 116
화이트호스와 그 주변 120
모터사이클 청년들 122
Women are Always Right 124
디날리 국립공원과 산악인 고상돈 125
OH'S TRAVEL NOTE 130
OH'S TRAVEL TIP 오카나간 밸리 와인 137

ROUTE 4
휴양지를 즐기듯 느긋하게   138

이것은 우리의 일입니다 141
언제라도 아이다호주에 갈 이유는 충분하다 148
헤밍웨이 손녀 이름이 마고인 까닭 154
I'm in Love with Montana 156
보즈먼, 보즈앤젤레스가 되다 158
인구 1인당 서점과 작가가 가장 많은 동네, 리빙스턴 166
은퇴자들이 살고 싶어 하는 마을, 해밀턴 168
높이 오르면 경건해진다 170
트리플 에이 종이 지도의 매력 172
OH'S TRAVEL NOTE 174
OH'S TRAVEL TIP 아이다호와 몬태나의 와인 179

Kalispell & Glacier

ROUTE 5
와인의 땅을 여행하다   180

와이너리 투어 대신 와인 기차를 타고 183
와인 영화들 188
컬트 와인의 대명사, 할란 이스테이트 190
소노마의 숨은 보석, 힐즈버그 192
미국의 알자스, 앤더슨 밸리 195
시간을 잊은 멘도시노 197
서부영화 속 목조건물 202
아주 좋은 와인을 주문했군요 203
알록달록 글라스와 멘도시노 식물원 205
OH'S TRAVEL NOTE 208
OH'S TRAVEL TIP 캘리포니아 와인 213

Napa Valley & Sonoma

ROUTE 6
무작정 달려도, 모두 아름답다 216

레드우드 국립공원의 검푸른 숲속으로 219
해발 2000미터 고지, 유리알처럼 맑은 타호 호수 224
제임스 딘이 묵었던 바닷가 호텔, 리틀 리버 인 228
영화감독들이 사랑한 바닷가 232
땅 위에서 가볍게 산다 236
OH'S TRAVEL NOTE 238
OH'S TRAVEL TIP 미국 국립공원 여행 시 인파를 피하는 방법 243

Northern California

ROUTE 7
무려 11개의 국립공원을 만나다 244

별이 빛나는 밤 247
유타주에서 가장 아름다운 길을 지나 249
요가 수행자의 성지, 세도나 254
나무처럼 생긴 선인장, 조슈아 트리 256
누구라도 반할 풍경, 요세미티 258
머더 로드, 루트 66 262
모뉴먼트 밸리와 그랜드캐니언 노스림 264
말런 브랜도의 무덤, 데스밸리 267
모하비사막, 경비행기의 무덤 269
하룻밤부터 다섯 밤까지 270
OH'S TRAVEL NOTE 274

Yosemite, Grand Canyon & National Parks of Utah

에필로그 282

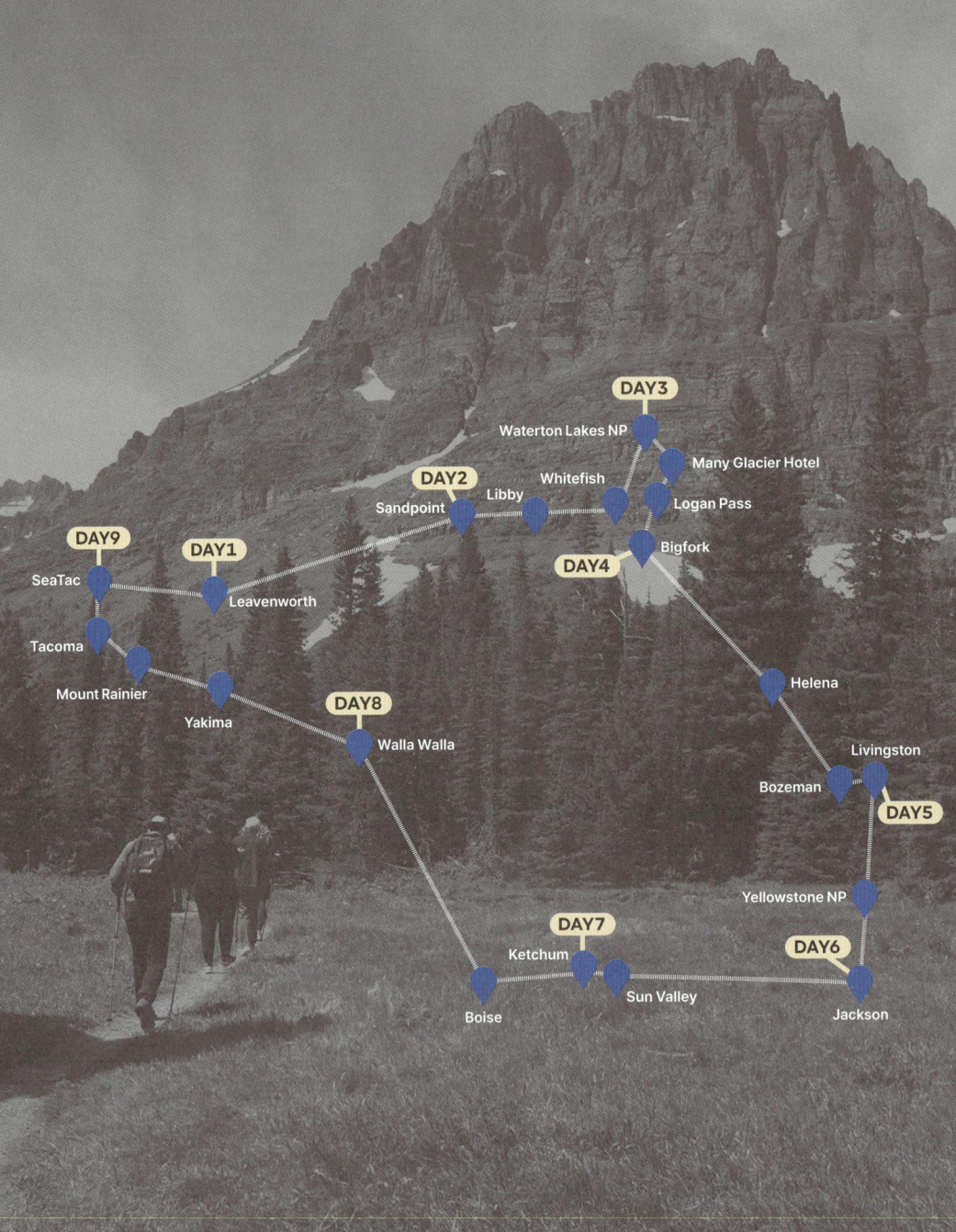

Montana & Wyoming State

몬태나,
신의 숨결을 느끼다

ROUTE 1

여행이 화제에 오르면 나는 주저 없이 몬태나를 이야기하곤 했다. 미국 여행 하면 으레 로스앤젤레스나 뉴욕, 샌프란시스코 같은 대도시를 먼저 떠올리지만, 미 대륙의 축복은 대도시보다 오히려 외곽의 대자연에서 받을 수 있다. 몬태나는 초창기 미국의 모습이 가장 잘 보존된 곳이고, 자연이 참으로 아름답다. 사람의 발길이 드물어 한적하고, 경이로운 풍경이 끊임없이 이어지는 곳. 내가 생각하는 소울 러시Soul Rush에 가장 부합하는 지역이 바로 몬태나다.

몬태나는 가을에 가야 한다. 미국 현지인의 휴가가 끝나 인적이 뜸해 한적해지는 때다. 미국의 노동절 휴가가 끝나는 9월 첫째 월요일 이후가 적기다. 그러나 9월 하순이면 이른 눈이 내리고 기온이 떨어져 쌀쌀해지기 때문에 잠깐 사이를 틈타 누려야 한다.

미국은 주마다 닉네임이 있는데 몬태나주는 빅 스카이 스테이트Big Sky State, 침엽수가 많은 워싱턴주는 에버그린 스테이트Evergreen State, 아이다호주는 감자가 많이 나 포테이토 스테이트Potato State라고 불렸다. 그런데 이 별칭을 자체적으로 멋지게 바꾸기도 해 아이다호주는 젬 스테이트Gem State라고 붙였고, 몬태나주는 트레저 스테이트Treasure State로도 불린다.

몬태나는 빅 스카이 스테이트라는 닉네임에 걸맞게 지평선이 보이지 않을 만큼 광활한 대지와 하늘, 우뚝 솟은 웅장한 산이 있는 곳. 실제 원주민들은 그곳의 산들을 빅 마운틴이라 불렀다고 한다. 그 큰 산으로 둘러싸인 글레이셔 국립공원의 초가을은 사람의 발길이 줄고, 나무의 색은 곱게 변하고, 야생동물은 겨울 준비에 바쁘고, 공기는 더없이 청량하다.

몬태나를
호젓하게 누리는 때

미국 북서부, 캐나다와 국경을 맞댄 몬태나Montana주는 미국에서 가장 아름답고 목가적인 풍경을 가진 곳, 현대 문명의 그림자가 드리우지 않은 지역이다. 무척 한산하다. 하지만 여행자가 쓸쓸할 새 없이 매 순간 입이 다물어지지 않는 풍경의 연속이다. 워낙 한적한 곳을 좋아하는 내게는 천국 같은 곳이다. 몬태나주는 대부분의 도시가 인구 1만 명 전후인 데다 주민이 고작 1000명 정도인 마을도 꽤 있다. 사람들과 마주칠 일이 별로 없고, 주차하기도 편하며, 소위 맛집이라는 레스토랑에 가도 문밖에서 줄을 서거나 쫓기지 않고 느긋하게 식사를 즐길 수 있다. 그런데 거주 인구에 비하면 관광객이 많이 몰리는 편이다.

글레이셔 국립공원의 세인트메리 호수.

몬태나에 간다면 반드시 글레이셔 국립공원Glacier National Park에 가야 한다. 편도 50마일(약 80킬로미터)의 고잉투더선 로드 Going-to-the-Sun Road를 달려보지 않고는 몬태나를 여행했다고 할 수 없기 때문이다. 이 길은 1920년대 초 7~8년에 걸쳐 바위산을 깎아 만든 곳이라 길이 좁아 큰 차는 진입할 수 없다. 15인승 밴이 맥시멈이니 단체 여행 버스를 운행할 수 없는 여행사로서는 수지 타산이 맞지 않는다. 그래서 몬태나는 개별 여행만 가능하다.

몬태나를 목가적인 분위기를 만끽하며 여유롭게 여행하려면 시기를 잘 살펴야 한다. 성수기인 7~8월 두 달 동안 글레이셔 국립공원에 190만 명이 방문했고, 2021년에는 300만 명이 몰려와서 국립공원 측에서 7~8월에 한시적으로 예약제를 시행할 정도다.

미국의 여름휴가 기간은 현충일인 메모리얼데이(5월 마지막 월요일)부터 노동절(9월 첫째 월요일) 주간까지다. 이 시기에 많은 미국인이 몬태나를 찾아온다. 아무리 한적한 곳이라 해도 시기를 잘못 맞추면 관광객들 틈에서 고생할 수 있다는 얘기다. 그러니 가급적이면 이 기간을 피해서 가야 한다. 사람 구경하자고 머나먼 미국까지 가는 것은 아니니까 말이다. 9월 첫 주가 지나면 관광객이 놀랄 만큼 빠진다. 그래서 나는 9월 둘째 주 주말에 출발하는 것을 추천한다. 이때는 아주 평화롭게 와이오밍, 아이다호, 몬태나 곳곳을 둘러볼 수 있다. 성수기에도 우리나라 유명 관광지처럼 붐비지는 않지만, 이때 가면 사람들과 부딪을 일이 별로 없어 인파에 시달리지 않고 호젓하게 목가적인 풍경의 주인공이 되어볼 수 있다.

골드러시를 지나
소울 러시로

　　　　　소울 러시. 서문에서 말했듯 시카고대학교 교수이자 <뉴욕타임스> 칼럼니스트인 데이비드 브룩스가 <보보스 인 파라다이스Bobos in Paradise>라는 책에서 처음 쓴 말이다. 뉴욕, 로스앤젤레스, 시카고 등 대도시에서 살아가는 의사, 회계사, 변호사처럼 전문직에 종사하는 소위 물질적으로 성공한 사람들이 자신들의 삶을 돌아보며 공허감을 느끼고, 이렇게 도시의 삶에 지친 이들이 자연으로 돌아가고 싶어 하는 모습을 이르는 말이다. 동의하고 동감한다. 비단 미국인들만 이런 경향을 띠는 것이 아니다. 다른 나라에서 100년은 족히 걸렸을 발전을 불과 수십 년 만에 이룩한 우리나라 사람들은 더할 것이다. 우리는 땅도 좁아 더욱 복닥거리며 경쟁에 내몰리지 않는가. 건물도 집도 사람도 가까이 붙어 있으니 서로 비교하는 것이 어쩌면 자연스러운 일일지도 모르겠다. 요즘 들어 꽃과 나무, 명상, 채식에 대한 관심이 트렌드가 되고, 자신의 영혼에 귀 기울이는 사람이 하나둘 늘어나는 것이 그 증거인 듯싶다. 이런 바람은 여행에서도 이어질 것이다. 그래서 나는 몬태나를 이야기한다. 몬태나의 대자연 속에 머무는 것만으로도 위로와 치유를 경험할 수 있다.

　　　　　소울 러시는 골드러시Gold Rush와 대칭을 이루는 말이다. 골드러시는 알다시피 19세기 캘리포니아 인근에 사금砂金 광산이 발견되면서 많은 미국인이 금을 캐기 위해 서부로 몰려간 현상을 일컫는 말이다. 21세기를 사는 사람들이 금만큼 갈급증을 느끼는 것이 있다면 내면의 평화 아니겠는가. 물질적으로 성공한 사람들이, 밤낮없이 일하며 앞만 보고 내달리는 삶에 회의를 느끼며 가슴 한쪽이 뚫린 듯한 공허감을 달래기 위해, 내면의 평화를 위해, 영혼의 안식을 위해 어려운 시절 금을 찾듯 달려가는 모습을 표현한 말이 소울 러시다. 숨 가쁜 도시 생활에서 쌓인 스트레스를 풀고, 잃어버렸던 자신의 본질을 발견하는 것. 이것이 금을 캐는 일만큼, 아니 그보다 훨씬 중요하다고 생각하는 것이다. 특히 충분한 경제력을 확보한 고소득 전문직 종사자 사이에 이런 경향이 더욱 뚜렷하다고 한다. 몬태나, 나만의 의견이 아니다. 데이비드 브룩스 역시 소울 러시를 위한 최적의 장소로 몬태나를 꼽았다.

월요일에
쉬고 싶다

　　　　　　미국은 공휴일 제도를 합리적으로 운영하는 것 같다. 우리나라의 공휴일은 보통 날짜가 정해져 있는 데 반해, 미국에서는 공휴일을 휴일과 붙여 쓸 수 있도록 5월 첫째 월요일 하는 식으로 정해두었다. 그래서 일할 때 일하고 놀 때 논다. 미국도 처음에는 우리나라처럼 특정한 날을 휴일로 정해 쉬었다. 그러다 닉슨 대통령이 1971년에 공휴일을 해당 기념일에서 가장 가까운 월요일로 바꿨다. 9월의 노동절 등 휴가철에 몰려 있는 공휴일은 가까운 월요일에 쉬게 해준다. 물론 모든 공휴일이 그런 것은 아니다. 독립 기념일은 7월 4일, 크리스마스는 12월 25일로 날짜가 정해져 있고, 추수감사절은 11월 넷째 목요일로 요일이 정해져 있다. 이 밖에는 모두 월요일로 정해져 있다. 우리나라도 개천절, 제헌절, 삼일절과 광복절만 날짜를 정해두고, 나머지 공휴일은 월요일로 정해 주말에 붙여서 쉬면 어떨까? 예를 들어 개천절은 10월 3일로 그대로 두고, 한글날은 10월 둘째 월요일, 현충일은 6월 첫째 월요일 하는 식으로 정하는 것이다. 어린이날도 방정환 선생이 처음 제정할 때는 5월 5일이 아니었다고 한다. 징검다리 휴일은 비효율적이다. 휴일이 개별적으로 산재해 있으면 노동자들은 징검다리식으로 쉬어야 하니 일에도 휴식에도 집중하기 어렵고, 기업 입장에서도 생산 계획에 차질이 생긴다. 미국처럼 연휴를 붙여 쓰게 되면 휴가 계획을 잡기 편하고, 이에 따른 소비도 늘어날 수 있다.

　　　　　　　나는 다음 여행 계획을 짜면서 9월 첫째 월요일인 노동절 연휴가 끝나는 주말을 미국으로 떠나는 시점으로 잡았다. 주요 관광지의 예약제가 끝나는 시점이기도 하다. 그 연휴가 끝나는 주말은 미국인들이 노동절 휴가를 즐기고 일터로 돌아갈 준비를 하는 시점이자, 모든 학교의 새 학기가 시작되는 시기이므로 도로와 관광지가 비로소 한산해진다. 미국 현지에 사는 것이 아니어서 여행 스케줄을 미리 잡고 예약하기는 쉽지 않다. 이때 여행을 가면 평상시보다 훨씬 느긋하게 보낼 수 있고, 비용도 절감할 수 있다.

팬데믹 이후 여행 스타일이 달라져 모르는 사람들과 함께 움직이는 단체 여행을 가급적 피하고, 혼자 혹은 소수의 지인과 떠나 아름다운 자연을 보면서 생각을 정리하고 자연의 경이를 오롯이 느끼는 여행이 급증하고 있다. 미국은 꽤 오래전부터 경제력을 어느 정도 갖춘 이들을 위한 소규모 부티크 여행업이 발달했다. 구성원의 개인적 선호도를 파악하고 거기에 맞춰 여행 일정을 커스터마이징하는 것이다. 구성원들이 고요한 자연 속에서 오롯이 쉬고 싶어 한다면 목장에 머물면서 탁 트인 자연을 벗 삼아 시간을 보내고 승마 등 체험프로그램을 짜고, 오두막형 숙소 위주로 잡는다거나 하는 식이다.

이런 소규모 여행에서 가장 선호하는 지역이 몬태나. 압도적 풍광을 가지고 있고, 지역마다 가진 스토리도 풍부하다. 그리고 무엇보다 여유롭다. 참고로 몬태나는 우리나라(남한)의 4배에 달하는 넓은 지역에 상주 인구는 120만 명도 안 되며, 중소도시가 대부분으로 인구가 10만 명을 넘는 도시가 딱 한 곳뿐이다. 교외로 조금만 벗어나면 차도 사람도 드물어 한적하다(성수기에는 물론 상황이

다르다). 2000년대 초만 해도 몬태나주의 고속도로는 속도 제한이 없었다. 현재는 방문객이 많아지면서 시속 80마일이 상한선이지만 90마일까지 봐준다. 어느 주보다 높은 속도로 달릴 수 있는 건 크나큰 매력이다. 어쩌면 당신은 일행 외 누구와도 말 한 마디 하지 않고 하루를 보낼 수 있을지도 모른다. 오래전 영화지만 지금까지도 수려하고 목가적인 풍광으로 자주 회자되는 <흐르는 강물처럼>과 <가을의 전설>로 대표되는 것이 몬태나의 풍경이다.

천국보다
아름다운

우리의 루트 중에 맥도널드 호수 근처에 레이크 맥도널드 로지Lake McDonald Lodge라는 호텔이 있다. 이곳은 몬태나주에서 가장 낭만적인 장소로 꼽힌다. 바로 뒤에 있는 맥도널드 호수 때문이다. 맥도널드 호수는 국립공원 내에서 가장 큰 호수인데, 일출과 일몰이 그야말로 장관이다. 하늘로 힘차게 솟아오른 산이 호수의 삼면을 감싸고 있고, 산 위쪽으로는 만년설, 아래로는 울창한 숲이 호수의 표면에 비친다. 7월부터 9월까지는 밤에 은하수와 별들이 하늘을 빽빽하게 뒤덮은 광경도 목격할 수 있다. 날이 어둑해진 뒤 와인을 홀짝이며 하늘을 올려다본다면 잊을 수 없는 순간을 마음에 새기게 될 것이다.

이곳 못지않게 아름다운 풍광을 자랑하는 곳이 있다. 글레이셔 국립공원에서 빠져나와 캐나다 쪽으로 올라가면 국경 근처에 바브Babb라는 마을이 있다. 이 마을의 매니 글레이셔Many Glacier라는 호텔이 바로 그 장소다. 일정에 여유가 있으면 부디 이곳에서 하룻밤 묵기를. (이 호텔에서 바라보는 스위프트커런트 호수Swiftcurrent Lake의 풍경이 얼마나 빼어난지 세계적으로 유명한 여행 잡지 <콘데 나스트 트레블러 Condé Nast Traveler>는 이곳을 미국에서 가장 아름다운 전망을 품은 호텔로 꼽은 바 있다.)

글레이셔 국립공원은 영화 <천국보다 아름다운>에도 등장한다. 이 영화는 죽음 이후 영혼으로까지 이어지는 사랑에 대한 눈물겨운 이야기다. 제목에서 감지할 수 있듯 영화의 제작진은 그야말로 천국보다 아름다운 풍경을 찾아 미국 구석구석을 돌아다녔다고 한다. 그리고 그들을 사로잡은 곳 중 한 곳이 바로 글레이셔 국립공원이다. 영화 촬영 도중 배우 로빈 윌리엄스는 이렇게 말했다.

"여기는 마치 신의 집 뒤뜰 같군. 그게 아니라면 분명 신은 이 근처에 살고 있을 거야. If it isn't God's backyard, then he certainly lives nearby."

그는 이곳에서 분명 신의 숨결을 느꼈을 것이다.
로빈 윌리엄스는 영화 <죽은 시인의 사회>에서 보여준 인간적인 연기로 유명하지만 그 시작은 코미디언이었다. <굿모닝 베트남>, <미세스 다웃파이어> 같은 영화를 떠올려보면 그의 이력을 짐작할 수 있다. 그는 스탠드업 코미디로 워낙 유명해 미국 순회공연은 전회 매진을 기록하기도 하고, 에미상 코미디 부문에서 2회나 수상했을 정도로 위대한 코미디언이었다. 그러니 그를 영화배우로만 기억하는 건 그의 일부만을 기억하는 일이다. 하지만 이후 그는 우리 모두가 기억하는 것처럼 2014년 집에서 스스로 목숨을 끊었다. 당시 그는 파킨슨병 초기 단계에 들어섰고, 이로 인해 극심한 우울증을 겪은 것으로 알려졌다. 그가 천국보다 아름다운 어딘가에서 행복하기를 빈다.

미국에서 가장 쿨한 동네, 보즈먼

내가 보즈먼에 처음 간 때는 1985년이었다. 보즈먼Bozeman은 최근, 여행지 <트래블 앤드 레저Travel & Leisure>에서 가장 쿨한 도시로 꼽은 곳이다. 젊고 멋있는 도시라는 말이다. 보즈먼은 최근 갑자기 인구가 확 늘었다. 내가 그곳에 두 번째로 찾아간 2013년만 해도 3만6000명 정도이던 인구가 2022년 상반기에 5만6000여 명에 달했다. 10년 새 50% 이상 폭증했다. 팬데믹으로 재택근무가 늘어나면서 이주 인구가 불어났는데, 이들은 팬데믹이 잠잠해지는 추세에도 그곳을 떠날 생각이 없는지 인구가 줄지 않고 있다. 심지어 이곳 사람들은 평균 연령이 30대 초반일 정도로 매우 젊다. 로스앤젤레스와 샌프란시스코에서 이주하는 사람도 많다. 올드 타운이 팬데믹 뉴타운이 된 셈이다.

보즈먼은 공항이 있어 로스엔젤레스, 뉴욕 같은 원거리의 대도시에서 이쪽으로 많이들 들어온다. 보즈먼은 옐로스톤국립공원으로 가는 관문이자 글레이셔 국립공원도 가깝다. 위로 3시간을 가면 글레이셔 국립공원에, 아래로 1시간을 가면 옐로스톤 국립공원에 닿는다. 보즈먼은 맛집이 많은 먹거리 타운이기도 하다. 팬데믹 이후 인구도, 관광객도 늘면서 근사한 음식점과 수제 맥줏집도 많이 생기고, 리모델링한 호텔도 많다. 다음에 소개할 리빙스턴이라는 마을이 있는데, 10여 년 전만 해도 보즈먼보다 리빙스턴에 맛집이 많았다.

흐르는
강물처럼

리빙스턴Livingston은 보즈먼에서 차로 25분 정도 걸리는, 고작 25마일(약 40킬로미터) 거리로 서울의 강남과 강북보다 가깝다. 영화배우 브래드 피트가 할리우드의 특급 스타가 되기 직전, 그의 푸릇푸릇한 모습을 볼 수 있는 <흐르는 강물처럼>이라는 영화가 있다. 로버트 레드퍼드가 감독을 맡은 이 영화는 시카고대학교 교수였던 노먼 매클레인Norman MaClean의 자전적 소설을 영화화한 작품이다. 그는 몬태나에서 두 번째로 큰 도시인 미줄라 출신이다. 이 영화에 등장하는 플라이낚시 장면은 단순히 볼거리를 위한 장치가 아니다. 이 가족에게 플라이낚시는 단순한 레저를 넘어 삶을 성찰하고 가족 간의 유대를 끈끈히 다지는 도구다. 이 근사한 플라이낚시 장면을 촬영한 곳이 우리의 루트에 포함된 플랫헤드 강Flathead River이다. 플랫헤드는 그 지역 원주민인 인디언 종족의 이름이다. 이런 이름이 붙은 것을 보면 아마도 이 근처에 살던 인디언들은 동양인처럼 뒤통수가 평평했으리라 짐작해 본다. 영화에 등장하는 가족은 엄격한 청교도적 삶의 방식을 고수하며 살아가지만, 극 중 브래드 피트는 아버지의 품을 벗어나고 싶어 안간힘을 쓴다. 아버지의 방식을 거부한 채 가족을 떠나 도박에 빠지고, 그로 인해 죽음을 맞이한다. 자신에게서 벗어나려 발버둥 치던 아들을 잃은 아버지는 교회에 서서 이렇게 얘기한다.

"우리 곁의 가장 가까운 사람들을 돕는 것이 오히려 힘들다. 그래서 우리는 우리 주변에 있는 사람들이 누구인지 잘 살펴야 한다. 우리는 그들을 완전히 이해할 수 없겠지만, 그럼에도 우리는 완전한 사랑을 줄 수 있다."

쿠어달린
플로팅 그린의 추억

지금껏 미국에서 자동차 여행을 하며 먹은 조식 중 최고는 워싱턴주 동부의 작은 마을 레이크쉴란에 있는 '리버워크 인 앤 드 카페Riverwalk Inn & Cafe'의 아침이었다. 이 식당을 알려준 사람은 전날 저녁을 먹은 레스토랑의 웨이터였다. 인inn이라는 이름이 붙은 데서 짐작할 수 있듯, 우리로 치면 여인숙에 해당하는 초라한 2층짜리 나무 집이지만 이곳에서 먹은 아침 식사가 단연 최고였다. 오믈렛 종류가 그렇게 많은 식당은 태어나서 그때 처음 가봤다. 무려 10종류에 달하는 오믈렛이라니! 치즈를 넣은 보통 오믈렛은 우리 입맛에 다소 느끼한데, 이곳에서 먹은 다양한 채소를 듬뿍 넣은 오믈렛은 깔끔하면서도 맛이 풍성했다. 맛있는 음식과 활기찬 분위기의 식당. 우리는 테이블이 두 개뿐인 아담한 파티오에서 아침을 먹었다. 한쪽에는 노부부가 한가로이 앉아 식사를 하고, 그들 너머로 고요하고 담아한 시골 풍경이 펼쳐졌다.

몬태나로 가는 길에 쿠어달린Coeur D'Alene이라는 도시가 있다. 약칭으로 CDA라고 부르기도 한다. 호수를 끼고 있는 작은 도시인데, 수상스포츠와 산책로 등으로 유명하다. 가볍게 둘러보고 떠날 수도 있지만, 골프를 좋아하는 사람이라면 꼭 가봐야 할 곳이 있다. 쿠어달린 리조트 안에 있는 골프장이다. 이 골프장은 미국 내에서 아름다운 골프 코스 중 하나로 손꼽히는 곳이다. 이곳의 진면목은 호수 위를 떠다니는 플로팅floating 그린이다. 14번 파3 홀인 이 코스는 장치를 이용해 밀고 당겨 그린까지 거리를 90야드(82미터)에서 220야드(200미터)까지 조절할 수 있다. 이 거리는 챔피언십 경기를 치를 때의 범위이고, 평상시에는 140야드(128미터)에서 170야드(155미터)로 조정한다. 배를 타고 플로팅 그린까지 가는 수고를 들여야 하지만, 물 위에 떠 있는 그린에서 퍼팅할 기회가 언제 또 있겠는가. 수많은 골퍼에게 꿈의 그린일 이곳은 전 세계 골프장 중 플로팅 그린의 대표 격이자 <골프 다이제스트 Golf Digest> 잡지에서 가장 아름다운 골프 코스로 꼽힌 바 있다. 태국에서 열리는 LPGA 경기에서 이와 비슷한 플로팅 그린을 본 적이 있는데, 아마 이곳을 모티프로 하지 않았을까 싶다.

나는 2013년에 쿠어달린에서 묵었다. 몬태나를 둘러보고 오는 길에 들러 하룻밤을 묵은 후 시애틀로 갔는데, 만약 플로팅 그린에서 골프를 치고 싶다면 오후에 가면 된다. 골프를 친 뒤 잠만 자고 나오기에는 숙박비가 비싸고, 숙소를 누릴 시간도 부족해 아깝다. 리조트에서 묵지 않고 골프만 칠 수도 있으므로 일정에 여유가 있다면 가보기를 권한다. 2013년 이곳에서 일행과 라운드를 한 경험은 잊을 수 없는 기억으로 마음속에 남아 있다.

그랜드티턴 국립공원에서 꼭 가봐야 할 곳으로 유타주 경계에 위치한다. 이곳에서 농사짓던 몰몬교도들의 헛간 뒤로 뾰족뾰족한 설산의 봉우리가 절경을 이룬다.

잭슨홀과 선밸리,
미 서부 최고의 럭셔리 빌리지

　　8월 마지막 주 주말에 잭슨홀Jackson Hole에서 잭슨홀 미팅이 열린다. 미국 연방준비은행 중 한 곳에서 주관해 전 세계 주요 국가 중앙은행 총재들을 초대하며 우리나라도 포함된다. 최근에는 팬데믹 때문에 오프라인 행사를 하지 못하다가 2022년 3~4년 만에 개최했다. 이 기간에는 절대로 잭슨홀에 가면 안 된다. 하기는 예약이 꽉 차서 갈 수도 없다.

　　이곳은 최고의 여름 휴양지이자 겨울에는 스키 리조트로 각광받는다. 독자들을 위해 최대한 상세히 일정을 짰지만 여행하다 보면 모든 곳을 다 갈 수 없고, 그럴 필요도 없다. 여러분의 일정과 컨디션에 따라 뺄 곳은 빼고 유연하게 대처하면 된다. 그것이 자동차 여행의 묘미다. 하지만 웬만하면 빠뜨리지 말고 꼭 가보기를 권하는 곳이 있는데, 바로 잭슨홀과 선밸리가 여기 해당된다.

　　와이오밍주(미국의 50개 주 중에서 인구가 가장 적다. 2022년 기준 58만 명, 몬태나가 120만 명 정도인데 몬태나보다 적다니!) 잭슨홀은 다소 평범한 이름을 가졌지만 미국 내 수많은 국립공원 인근 마을 중 집값이 가장 비싼 동네다. 그래서 다음 날 아침을 좀 떨어진 곳에 가서 먹었다. 집값이 비싼 만큼 밥값도 비싸니까. 가까운 곳에 스네이크강Snake River이 흐르고, 옐로스톤 국립공원과 그랜드티턴 국립공원을 끼고 있어 미국에서는 골든 플레이스로 불린다. 강에서 수상 레저를 즐기거나 산악 하이킹에 나설 수도 있다. 이런 천혜의 자연환경 덕분에 브래드 피트, 해리슨 퍼드, 타이거 우즈, 킴 카다시안 같은 유명 셀러브리티가 잭슨홀에 있는 자신의 개인 별장으로 휴가를 떠나곤 한다. 참고로 잭슨홀 공항(JAC)은 미국에서 유일하게 국립공원 내에 위치한다. 이는 다시 말해 영향력 있는 인사들이 이곳을 자주 방문한다는 뜻이다.

잭슨홀에는 호화로운 별장 이외에 포시즌스Four Seasons나 아망가니Amangani(성수기에는 하룻밤에 무려 5000달러나 하는) 같은 최고급 호텔들도 자리하고 있다. 킴 카다시안이 자기 별장을 렌트해 주는데, 그 기간에 갈 일이 생겨 아망가니에서 묵었다는 뉴스를 본 적이 있다. 이 작은 도시에 이런 최고급 숙박 시설이 있다는 사실 자체가 도시의 특징을 보여준다고 하겠다.

잭슨홀 시내. 마차로 투어를 할 수 있다.

와이오밍주 잭슨홀에서 차로 4~5시간 거리에 있는 아이다호주 선밸리Sun Valley는 해발 약 1800미터에 위치한 고요한 사계절 휴양도시다. 관광객이 많은 잭슨홀보다 오히려 더 조용한 곳이다. 우리나라의 가을 같은 쾌적한 날씨와 산자수려한 풍경 덕분에 미국 부유층의 휴가지로 인기를 누리고 있다. 이런 명성에 걸맞게 골프와 승마, 스키와 사이클링, 하이킹 등 온갖 레포츠를 즐길 수 있다.

선밸리의 하이라이트는 7월에 열리는 선밸리 콘퍼런스다. 억만장자들의 모임으로 볼 수 있는 특별한 행사로 그야말로 세계적인 부호들이 몰려든다. 그래서 선밸리에 가려면 7월 초는 피해야 한다. 인근 비행장에 자가용 비행기 20~30대씩 착륙하고, 경호원들이 대거 등장해 자유로운 여행에 방해가 된다. 제프 베이조스나 빌 게이츠, 순다르 피차이 같은 현재 세계 경제를 이끌어가는 CEO들이 이 콘퍼런스에 참석하기 위해 찾아온다. 한국인도 1명 포함된 걸로 알려져 있다. 이들이 굳이 이곳으로 몰려드는 이유는 단 하나. 선밸리는 조용하면서 마을 주변의 분위기가 빼어나기 때문이다.

헤밍웨이가 사랑한
선밸리

헤밍웨이가 말년에 살던 선밸리 인근 케첨Ketchum에는 헤밍웨이 메모리얼Hemingway Memorial이 있다. 헤밍웨이를 추모하는 공간이라고 생각하면 된다. 왜 하필 이곳에 헤밍웨이의 추모 공간이 있는 것일까. 헤밍웨이가 선밸리를 무척 사랑했기 때문이다. 그는 1939년 즈음부터 선밸리에 자주 드나들었다. 할리우드의 유명인 친구들을 초대해 스키를 타거나 사냥을 하면서 즐거운 시간을 보냈다. 이때 어울리던 친구들이 영화 <바람과 함께 사라지다>의 클라크 게이블, <누구를 위해 종은 울리나>의 게리 쿠퍼와 잉그리드 버그먼 같은 쟁쟁한 배우들이다.

이곳에서 헤밍웨이의 팬이라면 지나치지 말아야 할 곳이 1959년에 오픈한 '미셸스 크리스티아니아Michel's Christiania'다. 역사가 긴 프렌치 레스토랑인데, 헤밍웨이는 이 레스토랑의 단골이었다. 오죽 자주 드나들었으면 레스토랑이 헤밍웨이에게 전용 식탁을 제공했을까.

헤밍웨이는 친교의 폭이 넓어 다양한 분야의 사람들과 친분을 맺었는데, 당시 위에 언급한 배우들 이외에 자주 어울리던 인물이 있다. 이 모임에는 사진집 <결정적 순간>으로 유명한 사진가 앙리 카르티에 브레송과 함께 매그넘 포토스를 설립한 로버트 카파도 헤밍웨이의 초대로 참석하곤 했다. 카파는 전쟁터의 최전선에서 활동하며 훌륭한 다큐멘터리 필름을 남겨 훗날 '사진 저널리즘의 아버지'라고 불릴 정도로 명성을 쌓았다. 그는 전쟁터에서 생을 마감했다. 헤밍웨이 역시 종군기자로 전쟁터를 누비고 다닌 인물 아닌가.

헤밍웨이는 카파를 무척 아꼈고, 이런 인연으로 카파는 선밸리에서 헤밍웨이, 게리 쿠퍼 등과 어울렸다. 카파가 외나무다리를 건너는 게리 쿠퍼를 찍은 사진 'Gary Cooper in Sun Valley'(1941)도 유명하다.

나는 헤밍웨이가 살아온 인생의 궤적을 좋아한다. 그의 책도 거의 다 읽었다. 사람은 누구나 자신에게 결여된 것에 끌리는 면이 있는데, 나도 아마 비슷했을지도 모르겠다. 나는 비교적 주어진 틀 안에서 살아온 편이고, 평범하게 애쓰며 살았다. 그러니 헤밍웨이처럼 불꽃같이 인생을 살다 간 남자가 가끔 부럽기도 하다.

시간에 여유가 있다면 헤밍웨이와 게리 쿠퍼가 자주 갔던 레스토랑 '트레일 크리크 캐빈Trail Creek Cabin'에도 가보라. 헤밍웨이를 기리며 만든 '헤밍웨이 핫 럼'이라는 칵테일을 맛볼 수 있다.

헤밍웨이 메모리얼.

프린스 오브 웨일스 호텔은 캐나다에 위치한다.

보이시,
바스크의 아픈 역사를 간직한 곳

선밸리에서 차로 2시간 30분 정도 떨어진 보이시Boise에는 '바스크 블록Basque Block'이라는 곳이 있다. 코리아타운처럼 바스크인이 모여 사는 곳을 말한다. 바스크족은 이베리아반도에서 가장 오랜 역사를 이어온 민족 중 하나다. 자신들만의 언어도 있다. 흔히 알려진 라틴족이나 게르만족과는 문화가 확연히 구분된다. 스페인의 산세바스티안, 빌바오, 게르니카 등이 바스크인이 주류인 대표 도시들이다.

세계 역사에 관심이 있는 사람이라면 바스크라는 이름이 낯설지 않을 것이다. 1930년대에 일어난 스페인 내전 당시 독재자 프랑코가 중앙집권 정책을 펼치면서 바스크인은 극심한 탄압을 받았다. 독립적 성향이 강한 바스크인은 독립을 요구하며 무장투쟁을 벌였고, 이를 제압하기 힘들었던 프랑코는 히틀러에게 구원을 요청했다. 그 결과 독일 전투기 100여 대가 게르니카를 폭격하며 끔찍한 살상극을 벌인다. 그 장면을 그린 것이 피카소의 '게르니카'다. (독재자 프랑코의 사망 이후 유혈 투쟁은 사라졌지만, 경제적 수준이 높은 바스크인들은 여전히 스페인으로부터 독립하기를 원하고 있다.)

이런 아픈 역사를 가진 바스크 지방에서 유명한 것은 아이러니하게도 음식이다. 빌바오에서 산세바스티안까지 차로 약 1시간 거리에 흩어져 있는 레스토랑 중 무려 스물 네 곳이 미쉐린 스타를 받았다. 음식에 대한 바스크인의 열정과 태도를 알 수 있는 대목이다. 하지만 지금 현지에 살고 있는 바스크인은 200만 명 정도밖에 되지 않는다. 많은 바스크인이 스페인 내전 당시 프랑스나 인근 지역으로 떠났다. 개중에는 미국으로 이주한 바스크인도 많았다. 그들이 주요 거주지로 삼은 곳이 바로 보이시다. 미국 전역에 흩어져 살고 있는 바스크족 5만여 명 중 30% 이상이 보이시에 거주하고 있다. 바스크 블록 안에는 그들이 만든 레스토랑과 술집이 즐비하다. 어디를 들어가도 좋다. 바스크의 음식과 문화를 느껴보기 바란다.

왈라왈라,
나파밸리를 잇는 새로운 와인의 성지

왈라왈라Walla Walla는 미국에서 손꼽히는 최고의 와인 산지이자 워싱턴주를 대표하는 먹거리 타운으로 꼽힌다. 시내에 다양한 음식점, 와인 시음실, 펑키한 부티크 상점, 카페, 갤러리가 있다. 왈라왈라는 인디언 말로 '워터 워터water water'라는 뜻이다. 옐로스톤국립공원에서 내려오는 스네이크강, 캐나다에서 흘러드는 컬럼비아강이라는 두 강줄기가 합쳐져 늘 물이 풍부한 곳이라 이런 이름이 붙었다. 우리나라도 물 좋은 곳의 술과 음식이 탁월하지 않은가.

일단 물이 있어야 사람들이 정착할 수 있다. 마시고 농사지으려면 물은 필수다. 왈라왈라는 인구 3만~5만 명의 소도시 중에서 가장 예쁜 도시로 손꼽히는 곳이기도 하다. 이곳에는 140여 개의 와이너리가 있는데 메인 스트리트에 40여 개의 와인 테이스팅 룸이 있다. 와인의 거리라는 느낌이 들 정도다.

몇 년 전 UC데이비스 대학의 한 교수가 칼럼에서 이런 이야기를 한 적이 있다. 지구온난화로 나파밸리 인근 지역의 기온이 최근 4, 5년 동안 평균 1℃ 정도 상승했고, 앞으로도 점점 상승할 것이며 이런 기후변화가 지속된다면 향후 20년 후에도 품질 좋은 와인을 지속적으로 생산한다는 보장이 없다는 것이다.

나파밸리를 대체할 와인 산지로 꼽히는 곳이 바로 왈라왈라다. 지구온난화가 지속된다면 현재는 나파밸리 대비 평균기온이 다소 낮은 왈라왈라가 오히려 와인 생산에 최적화된 기후를 갖추게 되는 셈이다.

왈라왈라에서 생산하는 와인은 이미 값이 많이 올랐다. 이

지역을 대표하는 와인이 레오네티Leonetti인데 10여 년전부터 이미 병당 150달러를 호가한다. 나파밸리에서 생산하는 어지간한 고급 와인과 비슷한 수준이다. 지금 왈라왈라의 와인을 마신다는 건 미래의 나파밸리 와인을 마시는 것과 같다. 왈라왈라에 가면 꼭 이 지역 와인을 마셔보기를 권하는 바다.

왈라왈라 시내에는 와인 시음실이 많다. 고급 와인인 케이유스는 최근 우리나라에도 수입되었다.

자유롭게
떠도는 일에 대하여

독일의 대문호 괴테의 걸작 <파우스트>에는 이런 대목이 나온다. 메피스토펠레스가 쉽게 정착할 수 없는 자신의 처지를 한탄하자 마터는 이렇게 말한다.

"여기저기 자유롭게 세상을 떠도는 것이 혈기 넘치는 시절에는 괜찮을 겁니다. 하지만 언젠가 아내도 없이 발을 질질 끌며 혼자 무덤으로 가는 괴로운 시간이 오겠죠. 그건 누구에게도 좋은 일이 아니지요."

노화는 살아가는 과정의 하나다. 아무도 피할 수 없는 자연의 이치이자 인간의 숙명이다. 나 역시 그 사실을 분명히 인지하고 있다. 하지만 노화를 받아들이는 건 다른 문제다. 얼마 전 전설적인 배우 알랭 들롱이 안락사를 결정했다는 뉴스를 들었다. 우리 세대의 상징과 같던 배우가 죽음을 결정하고 준비하는 모습을 보니 여러 가지 생각이 들었다. 나에게도 시간이 많이 남지는 않았을 것이다. 나이가 들기는 했지만 나는 아직 건강한 편이라 일주일에 한 번 정도 골프를 치고, 와인도 종종 즐긴다.

언제 문제가 생길지 모르지만 다행히 아직 건강을 유지하는 편이다. 하지만 이렇게 하루하루를 보내는 것이 과연 의미 있는 삶일까. 아무리 노인이라도 작은 소망이나 바람 하나 정도는 품고 살아야 한다. 그것이 삶의 의미가 되어준다.

은퇴한 지금 나의 작은 소망은 기회가 될 때마다 여행하는 것이다. 내가 원해서 태어난 건 아니지만 기왕 태어났으니 이 세상 곳곳을 다 눈에 담고 싶다. 내가 이 지구의, 우주의 일원이었음을 충분히 느낀 뒤에 떠나고 싶다. 이것이 내가 미국 서부 여행을 추천하는 이유다. 미 서부의 장대한 풍광 속에 있으면 우리가 우주의 아주 작은 알갱이일 뿐임을, 인생이란 아주 잠깐의 소풍 같은 것임을 깨닫게 되는 순간이 온다. 그런 깨달음이 여생을 좀 더 홀가분하게 지낼 수 있도록 이끌 것이다.

OH'S TRAVEL NOTE
8박 10일

Day 1

ICN(18:05) → SEA(11:00)

13:00　**Lake Chelan**(180마일/3시간 30분) 공항에서 렌터카 인수 후 이동한다.

16:30　**Leavenworth** 시애틀·터코마 국제공항에 도착한 후 가장 먼저 찾아가는 레번워스는 시애틀 시민들이 주말 여행으로 가장 선호하는 여행지다. 하이킹을 즐기기에도 최적의 장소다.

18:00　**Campbell's Resort on Lake Chelan** 이 호텔은 말 그대로 쉴란 호수를 품고 있다. 고요하고 목가적인 풍경이 긴 비행으로 지친 심신을 위로한다.

18:30　**Sorrento's in Tsillan Cellars Estate** 저녁 식사. 숙소에서 멀지 않은 쉴란 셀러 와이너리 안에 있는 전망 좋은 이탤리언 레스토랑이다. 레스토랑 평가 사이트인 오픈테이블OpenTable이 선정한 '워싱턴주에서 가장 경치 좋은 레스토랑' 중 한 곳이기도 하다.

Day 2

07:30　**Riverwalk Inn & Cafe** 조식. 별 기대를 하지 않고 가서 그런지 개인적으로는 여기서 먹은 조식이 당시 여행 중 최고였다.

08:30　**Lake Chelan → Sandpoint**(230마일/4시간)

12:30　**Mick Duff's Brewing Company or Second Avenue Pizza** 둘 중 한 곳에서 점심 식사.

13:30　**Sandpoint → Libby**(84마일/1시간 30분) Kootenai Falls은 메릴 스트립이 출연한 영화 <리버 와일드>, 리어나도 디캐프리오가 주연을 맡은 영화 <레버넌트:죽음에서 돌아온 자>를 촬영한 곳이다. 메릴 스트립은 영화 촬영 중 이 동네에 묵었다.

16:00　**Libby → Whitefish**(83마일/1시간 30분)

17:30　**Grouse Mountain Lodge** 숙소. 화이트피시 시내를 산책한다.

19:00　**Buffalo's Cafe** 저녁 식사.

Day 3

07:30 **Loula's Café** 조식.

08:30 **Whitefish → Waterton Lakes NP**(180마일/3시간 30분) 고잉투더선로드Going-to-the-Sun Road는 미국에서 가장 아름다운 도로 중 하나로 손꼽힌다. 꼭 이 길을 따라 글레이셔 국립공원으로 가기를 권한다. 내비게이션에 이 길의 이름을 치면 어렵지 않게 찾을 수 있다. 로건 패스 비지터 센터에서 히든 레이크 전망대Hidden Lake Overlook 까지 2.25킬로미터 정도를 걷는다. 로건 패스의 하이킹 코스가 아주 좋지만 제대로 보려면 하루 종일 걸어야 한다.

12:00 **Prince of Wales** 점심. 프린스 오브 웨일스는 캐나다에 있다. 점심을 먹기 위해 미국에서 캐나다로 국경을 넘는 것이다. 하지만 걱정할 필요는 없다. 미국과 캐나다 간 국경 이동은 그다지 삼엄하지 않다. 여권만 제시하면 된다.

13:30 **Waterton Lakes NP → Many Glacier Hotel in Babb**(30마일/1시간)

14:00 **Many Glacier Hotel → Swiftcurrent Lake Loop**(4k마일/1시간) 영화 <천국보다 아름다운>의 제작진은 최고의 풍경을 찾아 미국 전역을 떠돌았는데, 그중 한 곳이 바로 이 매니 글레이셔 호텔이다. 스위프트커런트 호수 주변을 1시간 정도 산책하기를 권한다.

15:00 **Many Glacier → Logan Pass**(30마일/1시간) 여기서도 1시간 정도 산책하기를.

17:00 **Logan Pass → Lake McDonald Lodge**(30마일/1시간) 로지에서 저녁 식사 후 호숫가 산책.

Day 4

07:00 **Lake McDonald → Bigfork**(46마일/1시간) Echo Lake Cafe에서 여유롭게 아침식사를 한다.

09:30 **Bigfork → Missoula**(100마일/2시간) 맥도널드 호수에서 미줄라로 향하는 83 고속도로가 무척 아름답다. 오른편으로는 호수가, 왼편으로는 울창한 숲이 펼쳐진다.

12:00 **Bob Marshall's Biga Pizza** 점심. 몬태나주에서 꽤 유명한 피자 가게다.

13:30 **Missoula → Bozeman**(202마일/3시간) 보즈먼은 최근 갑자기 인구가 폭증한 도시로 일자리가 많아지면서 젊은 인구의 유입이 크게 늘었다.

16:30　The Lark 숙소. 리노베이션을 한 지 얼마 되지 않아 시설이 깔끔하다.

18:30　I-Ho's Korean Grill 이호라는 이름을 가진 한국인 여사장이 운영하는 한식당. 보즈먼에서 시의원을 지내고 한식당을 차린 입지전적 인물이다.

Day 5

07:30　Bozeman → Livingston(26마일/30분)

08:00　Faye's Cafe 아침을 먹고 도시락도 준비한다. 옐로스톤 국립공원 내에 먹을 곳이 마땅치 않고, 사 먹으려면 오래 기다려야 하는 만큼 시간이 걸린다. 파라다이스 밸리를 둘러보고 출발.

09:00　Livingston → Yellowstone NP(00마일/3시간) 출입구 도착 후 좌회전해 타워 폭포Tower Fall를 보고 국립공원을 3시간 정도 둘러본다. 적당한 곳에서 준비한 도시락을 점심으로 먹는다.

13:30　Old Faithful in Yellowstone NP → Jackson Hole(100마일/4시간 30분) 국립공원 내의 간헐천인 올드 페이스풀의 물이 치솟는 장관을 보고 사우스게이트로 나온다. 잭슨홀로 가는 길에 그랜드 티턴 국립공원에 들러 2시간 30분 정도 관광한다.

18:00　Parkway Inn in Jackson 숙소에 체크인.

18:30　Bin 22 저녁 식사 장소. 잭슨 타운 스퀘어 근처에 있다.

Day 6

07:30　Nora's Fish Creek Inn 잭슨에서 선밸리로 가는 길목에 있는 곳에서 아침을 먹는다.

09:00　Jackson → Sun Valley(240마일/4시간 30분) 잭슨과 선밸리는 미국 서부의 대표적인 부촌이다. 잭슨은 미국의 국립공원 인근에서 가장 집값이 비싼 동네다. 아름답고 목가적인 풍경 때문이다. 도시 전체가 거대한 리조트라 해도 과언이 아닌 선밸리에는 골프와 승마, 스키와 하이킹 등 즐길 거리가 넘친다.

12:30　Bald Mountain → Round House 점심. 곤돌라를 타고 스키장 위로 올라가면 식당이 있다.

15:00　Hemingway Tour 선밸리를 자주 방문했던 헤밍웨이를 추모하기 위한 프로그램이다. 1시간 정도 소요된다.

18:00   Best Western Kentwood 숙소에 체크인. 이 근처에 베스트웨스턴 체인이 두 군데 있는데 켄트우드가 아침 식사 장소와 가까워 이곳으로 선택.

18:30   Michel's Christiania or Trail Creek Cabin 저녁 식사. 각각 프렌치 레스토랑과 헤밍웨이가 즐겨 가던 스테이크집이다.

Day 7

08:00   The Kneadery 아침 식사. 1974년에 문을 연 훌륭한 브런치 레스토랑이다.

09:30   Ketchum → Boise(153마일/2시간 30분)

12:00   The Basque Market 점심 식사를 위해 들르게 될 보이시의 바스크 블록에 있는 레스토랑은 어디 한 군데 뒤처지는 곳 없이 모두 훌륭하다. 마켓과 식당을 겸한다. 한식이 그리우면 한식당 강남을 추천한다.

13:30   Boise → Walla Walla(260마일/4시간) 왈라왈라의 메인스트리트 풍경은 미국에서 가장 아름답다고 알려져 있다. 특히 거리를 따라 늘어선 대왕 참나무의 높이와 크기에서 오는 압도적 장관은 놀라울 따름이다. 가로수의 키가 무려 40m에 이른다.

17:30   Marcus Whitman Hotel 숙소.

18:00   Walla Walla Main Street 거리 곳곳의 와인 숍에서 마음에 드는 와인을 사서 저녁 식사를 할 레스토랑에 가져가는 것도 썩 괜찮은 방법이다.

19:00   Passatempo Taverna or Brasserie Four 저녁은 파사템포 타베르나에서 수제 파스타를 먹거나 스테이크를 비롯해 다양한 메뉴가 있는 브래서리 포로 간다. 숍에서 구입한 와인을 가져가는 것도 좋다.

Day 8

07:30   Maple Counter Cafe 조식. 왈라왈라에서 조식으로 유명한 곳.

09:00   Walla Walla → Yakima(120마일/2시간)

11:00   Treveri Cellars Sparkling Wine 트레베리 셀러는 스파클링 와인만 전문적으로 생산하는 와이너리다. 힐러리 로댐 클린턴이 백악관에 있을 때 파티에 트레베리 와인을 많이 준비해서 유명해졌다.

11:30   Paradise Inn in Mount Rainier NP 점심. 호텔 내 식당에 햄버거, 샌드위치, 피자 등 다양한 메뉴가 있다. 파라다이스 인에서 커피만 마시고 마운트 레이니어 선라이즈 포인트에서 늦은 점심을 먹어도 좋다.

12:30　**Paradise Inn → Mount Rainier Sunrise Point**(25마일/30분) 마운트 레이니어 국립공원에 들르면 꼭 선라이즈 포인트까지 올라가보자. 차로 갈 수 있는 데다 그곳에서 내려다보는 풍경이 일품이다.

16:00　**Mount Rainier → Tacoma**(69마일/1시간 30분)

17:30　**Ho Soon Yi Restaurant** 저녁은 한식당에서. 사장님이 이호순이라는 이름을 내걸고 만드는 한식을 맛볼 수 있다.

18:30　**Tacoma → SeaTac**(25마일/30분)

19:00　**DoubleTree Inn** 렌트카 반납 후 셔틀로 숙소 이동. 마지막 밤은 공항 내에 있는 더블트리 호텔에서.

Day 9

08:00　호텔 조식 후 체크아웃. 셔틀로 공항 이동.

09:30　**Beecher's Handmade Cheese in SeaTac** 시애틀·터코마 국제공항 안에 있는 비쳐스 핸드메이드 치즈는 미국 50대 치즈로 꼽히는 아주 유명한 곳이다. 이곳에서 치즈를 포함해 간단하게 요기할 수 있다.

SEA(12:30) → **ICN**(+1일)

OH'S TRAVEL TIP

렌터카 빌리기

비행기표를 여행사를 통해 구매했다면 렌터카도 일괄로 예약한다. 시내 여행이라면 가성비 높은 중소 브랜드도 괜찮지만 장거리 여행을 갈 때는 허츠Hertz, 에이비스Avis 등 대형 브랜드를 선택하는 편이 보다 안전하다. 두 곳의 견적을 비교해 보고 원하는 차량을 선택하며 추가 비용이 발생하는지도 확인한다. 알래스카로 가는 루트 3은 편도 여행을 지원하는 고노스, 알래스카GoNorth, Alaska(gonorth-alaska.com)를 이용해야 한다. 자동차보험은 우리나라처럼 렌터카 회사에서 들 수 있다. 차량을 인도 받으면 타이어의 마모 정도와 운행 마일리지를 확인한다. 운행 마일리지가 3만 마일 전후인 차량이 적당하다. 시애틀, 샌프란시스코, 로스앤젤레스 등 대부분의 미국 국제공항에는 렌터카 회사가 별도 건물에 모여 있어 공항 내 셔틀을 타고 이동해 차를 찾아야 한다.

고속도로와 산악도로를 지나는 것을 감안해 시야가 보다 넓게 확보되어 운전하기 편하고 튼튼한 SUV가 적당하다. 개인적으로 GM 서버번이나 유콘이 차체가 크고 높으며 힘이 탁월해 만족도가 높았다. 짐도 실어야 하므로 일행이 4~5명이라면 7인승, 5~6명이라면 9인승이 적당하다.

주유소 이용하기

미국 주유소의 주유기는 잠금장치가 되어 있다. 주유기 앞에 차를 세운 후 사무실로 들어가 주유기 잠금장치를 해제해 달라고 요청하고 얼마나 주유할지 금액으로 말한다. 연료통을 가득 채우고 싶으면 일행 중 한 명이 대기하고 있다가 주유가 끝나면 카드로 결제한다. 현금 결제는 불가하다. 장거리 여행 중 자동차 앞 유리창이 지저분하면 위험하므로 주유하는 동안 주유소에 비치된 도구로 유리창을 닦는 것도 잊지 말자. 루트 3의 알래스카 여정에서는 주유소가 보이면 무조건 연료를 가득 채워야 한다. 다른 여정은 숙소 근처에 대부분 주유소가 있으므로 숙박지에서 주유하면 된다. 참고로 미국 서부의 고속도로는 톨게이트료가 없다. 그래서 프리웨이라고 불린다.

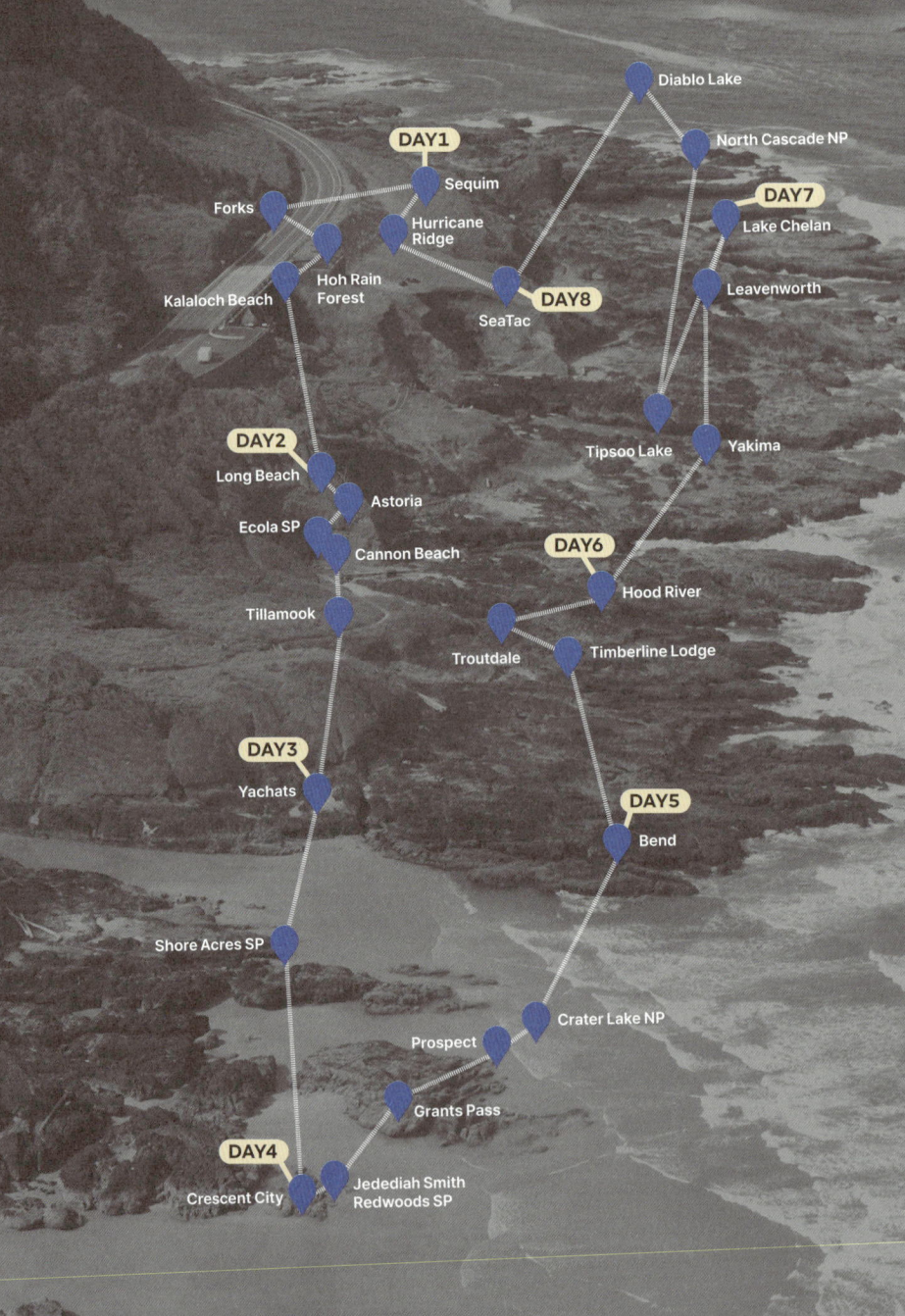

Washington & Oregon State

보석 같은
바닷가 마을이 펼쳐진다

ROUTE 2

컬럼비아강을 사이에 두고 있는 워싱턴주와 오리건주는 기후가 온화하고 깨끗한 자연환경을 가지고 있어 미국에서도 살기 좋은 곳으로 손꼽힌다. 우리에게 익숙한 시애틀, 포틀랜드도 이곳에 위치한다. 본래 조용한 어촌이던 시애틀은 현재 미국 서부에서 첫손에 꼽는 살기 좋고 아름다운 도시가 되었다. 보잉과 코스트코, 아마존, 마이크로소프트 본사가 자리하고, 스타벅스와 커피빈도 시애틀에 1호점을 냈다. 이 덕분에 인구 유입 규모가 상당하다고 알려졌는데, 그래 보아야 인구가 80만 명이 채 되지 않는다. 우리나라의 수원이나 용인이 100만 명이 훌쩍 넘는 사실을 생각하면, 미국 사람들의 여유롭고 쾌적한 주거 환경이 부러울 따름이다.

대도시 시애틀이 가장 인구밀도가 높고 나머지 도시와 마을은 대부분 옛날 모습을 그대로 간직하고 있다. 어떻게 보면 정겹고, 다르게 보면 투박하다. 도시화의 물결과 의식적으로 거리를 두는 듯한 느낌도 든다. 이 점이 여행자에게는 오히려 더 신선하게 느껴진다. 이번 코스에는 워싱턴주의 올림픽 국립공원, 마운트 레이니어 국립공원, 노스캐스케이드 국립공원과 오리건주의 크레이터레이크 국립공원, 캘리포니아 북부의 레드우드 국립공원 이렇게 다섯 곳과 북미에서 가장 아름다운 도로라고 알려진 오리건 코스트를 돌아본다. 오리건 코스트 전체가 빼어난 경치를 자랑하지만 골드비치에서 브루킹스까지 남단 지역이 특히 아름답다.

나는 워싱턴주와 오리건주로 몇 차례 여행을 다녔다. 여행할 때마다 곳곳을 누빈 경험을 떠올리며 고심해 몇 번이고 다시 가고 싶을 만큼 나를 사로잡은 곳으로 일정을 잡았다.

머리 위 만년설과
발아래 침엽수림

이번 일정에 포함한 워싱턴주 국립공원 세 곳 중에서 가장 방문객이 많은 곳이 올림픽 국립공원Olympic National Park이다. 시애틀과 포틀랜드에서 차로 한두 시간이면 도착할 만큼 접근성이 빼어나고, 시애틀·터코마 국제공항에서 3시간 남짓 달리면 올림픽 국립공원에서 차로 도달할 수 있는 가장 높은 곳인 허리케인 리지Hurricane Ridge에 이른다. 올림픽 국립공원 입구를 지나 30분쯤 구불구불한 산악 도로를 넘어가야 닿을 수 있다. 길을 어느 정도 오르면 도로 한편에 가드레일이나 나무조차 없는 절벽 위로 난 길이 나온다. 여차하면 절벽 아래로 추락할 수 있기 때문에 긴장 상태로 천천히 차를 몰아야 한다. 이어지는 커브 길 사이로 사슴이나 곰 같은 야생동물을 보는 일도 흔하다. 이 모든 위험을 잘 피해 정상에 오르면 만년설이 새하얗게 앉은 웅장한 산봉우리를 볼 수 있다. 발아래 빽빽한 침엽수림과 신비로운 운무가 끝없이 펼쳐지는 풍경은 바라만 봐도 가슴이 뻥 뚫리고, 정신이 아득해진다. 장대한 자연 앞에서 인간사의 희로애락이 사사롭게 느껴질 정도다. 신선이 이런 곳에 살아 그런 성정을 지니게 되었겠지 싶다. 그 정상에서 들리는 바람의 노래. 그 바람 소리는 세상 그 어떤 노래보다 아름답게 들리기도 한다. 허리케인 리지는 내게 잊지 못할 풍경을 가슴에 새겨준 곳 중 하나다.

이 외에 올림픽 국립공원에서 꼭 둘러볼 곳으로 칼라록 비치, 루비 비치, 호 레인 포레스트를 꼽을 수 있다. 칼라록 로지 앞이 비치이니 그곳에서 한가로이 점심을 먹거나 커피 한 잔을 즐겨보기를 권한다.

올림픽 국립공원에서 차로 도달할 수 있는 가장 높은 지점인 허리케인 리지.

\<트와일라잇\>의 마을,
포크스를 지나서

"지난 몇 달을 돌이켜보면 충분히 그럴 만한 이유가 있었는데도, 나는 내가 어떤 죽음을 맞게 될 것인지 생각해 본 적이 단 한 번도 없었다."

뱀파이어와 인간의 사랑을 그린 판타지 로맨스 소설 <트와일라잇>의 첫 문장이다. 내 나이에 즐겁게 읽을 수 있는 작품은 아니지만 인트로는 꽤 인상적이다. 소설은 이후 영화로 만들어져 흥행했다. 이 작품의 배경이 된 곳이 포크스라는 마을이다. 포크스Forks는 연간 강우량이 높은 곳으로 흐리고 비 내리는 날이 많다. 이 음침한 분위기 덕분에 뱀파이어를 소재로 한 작품에 안성맞춤이다.

으스스한 벌목 마을 포크스 시내에 들어서면 아이러니하게도 온통 명랑한 트와일라잇 천국이다. 트와일라잇 서점, 트와일라잇 기념품 상점, 트와일라잇 레스토랑…. 인구 3000여 명 규모의 작은 시골 마을이 이 영화 덕에 관광 명소로 거듭났다. <트와일라잇>의 골수팬이면 몰라도 아니라면 보통 10~20분 둘러보면 족하다. 볼 만한 풍경은 오히려 이곳에서 차로 1시간 정도 떨어진 호 레인 포레스트에 있다. 영화에서 뱀파이어 일가가 사는 숲으로 등장한 곳이 바로 이 호 레인 포레스트인데 숲에 들어서는 순간 이런 생각이 들지도 모른다. '실제로 흡혈귀가 나타나도 이상하지 않겠구나.'

호 레인 포레스트Hoh Rain Forest는 수십 미터 높이의 거대한 나무들이 하나의 층을 이루고, 그 밑 중간층에는 활엽수가, 사람이 걸어 다니는 제일 아래층에는 키 작은 음지식물이 빼곡히 자리 잡고 있다. 이렇게 세 층으로 나뉜 식물들이 빚어내는 아득한 풍경은 전 세계 어디서도 쉽게 볼 수 없는 이곳만의 독특한 분위기를 이룬다.

호 레인 포레스트는 유네스코가 지정한 세계자연유산이다. 가보면 왜 선정됐는지 절로 수긍할 신비하고 장엄한 풍경이 펼쳐진다. 그 숲을 1시간 정도 걸어보라. 숲의 아름다움과 신비로운 면모를 동시에 느낄 수 있을 테니.

호 레인 포레스트.

꼭 가봐야 할 곳,
캐넌 비치

오리건 코스트Oregon Coast는 미국에서 가장 아름다운 드라이브 코스로 손꼽힌다. 365마일(580킬로미터)에 달하는 오리건 코스트 고속도로를 따라 달리다 보면 때로는 험준한 해안선 풍경, 해안가의 소담스러운 마을, 사색에 빠져 산책하기에 그만인 몇몇 주립공원, 해안의 모래언덕 등이 펼쳐진다. 그림처럼 완벽하다는 생각이 절로 드는 광경이다. 오리건 코스트에서 꼭 가봐야 할 곳을 꼽으라면 주저 없이 캐넌 비치를 들 것이다. 4~5년 전 우리나라의 한 TV 프로그램에 소개된 적이 있는데, 캐넌 비치Cannon Beach는 반려견 친화적인 로맨틱한 바닷가 마을이다. 미국에는 펫 프렌들리 호텔뿐 아니라 국립공원, 해변도 있다. 반려동물이 마음껏 뛰어놀아도 괜찮을 곳, 즉 사람들로 붐비지 않는 호젓한 곳이다.

아름다운 이콜라 주립공원Ecola State Park에서 내려다보면 저 멀리 예쁜 마을이 눈에 들어온다. 그곳이 바로 캐넌 비치. 이 책의 다른 코스에서 소개하는 캘리포니아 북부의 단조로운 해안에 비하면 오리건 코스트는 우리나라의 이름 없는 해수욕장처럼 아담하고 고요하면서도 험준한 바위와 모래사장이 펼쳐지는 등 해변 풍경이 변화무쌍하다. 캐넌 비치는 모래사장이 넓지 않고 바위가 있어 다소 거칠면서 예전 제주도(지금은 개발되어 그 맛이 사라졌지만)와 비슷한 원시적인 느낌도 난다. 워싱턴주 롱비치에서 아침에 떠나 오리건 코스트에 도착하면 점심을 먹기는 다소 이르다. 그래서 주립공원과 해변을 느긋하게 거닐며 풍광을 누리다 점심을 먹으러 갈 수 있도록 코스를 짰다.

캐넌 비치. 이콜라 주립공원에서 내려다보면 이 바닷가 마을이 보인다.

그럼에도 아빠는
방을 구했다

캐넌 비치를 지나 오리건주에서 가장 큰 치즈 공장이 있는 틸라무크Tillamook에서 남쪽으로 조금 내려가면 링컨시티Lincoln City에 다다른다. 개인적으로 링컨시티에서 잊지 못할 추억을 만들었다.

1985년 여름휴가 때 미국을 여행하며 레드우드 국립공원의 알카타Arcata에서 출발해 오리건주로 향할 때였다. '설마 잘 곳이 없을까' 하는 느긋한 마음으로 호텔도 잡지 않고 한참을 내달렸다. 그런데 마을을 지날 때마다 눈에 들어오는 모텔 간판에 빈방이라는 의미의 베이컨시Vacancy 표시가 들어온 곳이 도무지 없었다. 당시 미국에서는 모텔 간판의 'Vacancy'에 불이 들어와 있으면 빈방이 있다는 뜻이고, 'NO Vacancy'에 불이 들어와 있으면 빈방이 없다는 뜻이었다. 도무지 빈방이 있다는 표시가 나타나지 않았다. '어떻게 이렇게 한 곳도 없을 수가 있지.' 차 뒷자리의 아이들은 배가 고파 칭얼대는데 레스토랑은 보이지 않고, 숙소조차 구하지 못했으니 난감했다.

지금처럼 스마트폰이 있는 시대도 아니었으니 어두운 차 안에서 마을을 찾기 위해 지도를 한참 뒤진 끝에 가장 가까운 도시인 링컨시티로 향했다. 우리는 그곳의 가장 방이 많은 숙소인 '시 집시 모텔Sea Gypsy Motel'을 찾아갔는데 노 베이컨시, 역시나 빈방이 없었다. 작은아이가 네 살이던 때라 나는 그대로 물러날 수가 없어 어린 딸을 안고 모텔 사무실로 들어갔다. 프런트를 지키고 있던 직원으로 보이는 연세 지긋한 할머니에게 사정을 설명했다. 할머니는 아이를 보고 안쓰러웠는지 "운이 좋으네!" 하고 쿨하게 한마디 던지더니 키를 건네줬다. 지금 생각하면 혹시 모를 비상 상황에 대비해 의무적으로 비워둔 방이 아니었을까도 싶지만, 그때의 나는 눈물 나게 고마웠다. 당시 우리 가족은 일제 코끼리표 전기밥솥(쓸 만한 국산 전기밥솥이 없던 시절이다)을 차에 싣고 다니며 호텔에서 밥을 해 먹고는 했다. 당시 베스트웨스턴 호텔이 1박에 50달러, 국립공원 입장료가 성인 1인당 10~15달러였으니 8박 9일이나 9박 10일간 미국을 여행하려면 비용이 만만치 않았다. 30대 과장이던 시절이라 하루 두 끼는 기본, 때로는 세 끼를 직접 해 먹으며 여행을 다녔으니 여행을 앞두면 집사람은 가족의 '식량'을 준비하느라 분주했다. 우리 가족은 1986년까지 열심히 미국 서부를 보러 다녔다. 귀국 이후 서울에 자리 잡고는 여행을 거의 못 하고 그사이 아이들도 성인이 되어 가족끼리 여행할 기회가 쉽사리 오지 않았다.

    그때 우리 가족을 구원했던 호텔은 아직도 남아 있다. 이름은 '시 집시 레지던스Sea Gypsy Residence'로 바뀌었다. 나는 '언젠가 이곳에 꼭 다시 와야지' 하고 생각했는데, 아마도 그럴 기회가 없을 것 같다. 내비게이션도, 스마트폰도 없이 지도 한 장 들고 미 서부를 헤집고 다니던 시절의 추억. 여행 갈 때 가져가려고 LA갈비를 잔뜩 재우던 일이며, 낯선 이국땅에서 졸음을 참으려고 젤리(Gummy Bear였다)를 씹으며 운전하던 일, 기적처럼 방을 구한 시 집시 모텔에서 먹었던 밥의 단맛이 아직도 생생히 기억난다. 지금도 아내와 그때 이야기를 하면 엊그제 일 같은데 세월이 참 빠르다 싶다.

오리건 코스트의 보석,
야하츠

야하츠Yachats는 보석이라는 애칭에 걸맞게 2007년 <버짓 트래블Budget Travel> 잡지가 꼽은 미국에서 가장 멋진 마을 10위에, 온라인 여행 가이드 매체인 버추얼투어리스트VirtualTourist의 뜨는 휴양지 톱 10에, 여행작가 아서 프로머Arthur Frommer가 창간한 <프로머스 트래블 가이드Frommer's Travel Guides>가 선정한 세계 10대 휴양지 중 8위에 꼽히기도 했다.

야하츠에서 느긋하게 쉬면서 이곳저곳 구경하면 된다. 이 중에서도 노스 포크 야하츠 리버 커버드 브리지, 토르의 우물, 헤시타 등대, 바다사자 동굴 등이 특히 볼만하다.

노스 포크 야하츠 리버 커버드 브리지North Fork Yachats River Covered Bridge. 커버드 브리지는 말 그대로 뚜껑, 지붕이 있는 다리다. 1938년에 교량 전문가가 만들었고, 1989년에 재건한 후 2004년 관광용으로 다시 만들었다. 말하자면 오리지널 다리의 복제품인 셈이다. 톰 소여의 오두막 같은 지붕을 인 집을 통과하는 다리라고 이해하면 상상하기 쉬울 것이다.

야하츠 해변가의 토르의 우물Thor's Well은 북유럽신화에 나오는 천둥과 번개의 신, 토르와 관련이 있다. 해안가에 우물 같은 커다란 구멍이 있어 파도가 아래쪽으로 들어와 솟구치고 빠져나가고 하는 곳이다. 어디서도 보지 못한 장관을 마주할 수 있다. 그래서 지옥의 관문, 지하 세계의 관문이라고 불린다는데, 실물을 마주하면 경이롭기도 하고 오싹하기도 하다. 절벽 위에 있는 헤시타 등대Heceta Lighthouse는 19세기에 지어진 곳으로 등대 자체도 명소지만 차를 타고 올라가며 야하츠와 그 주변 바다를 조망할 수 있어 매력적이다. 등대에서 차로 5분 거리에 있는 바다사자 동굴Sea Lion Caves에서 바다사자의 한가로운 몸짓을 지켜보는 것도 특별한 즐거움을 선사한다.

야하츠를 느긋하게 즐긴 다음 날 쿠스 베이Coos Bay 근처 쇼어 에이커스 주립공원Shore Acres State Park에 들른다. 절벽 위에 펼쳐진 아름다운 해변과 잘 가꾼 정원이 인상적인 곳이다.

노스 포크 야하츠 리버 커버드 브리지.
야하츠에서 15분 거리에 있다.

오리건 와이너리의
젊은 부부

　　몇 달 전 <USA 투데이USA Today>에서 조 와인스CHO Wines라는 와이너리의 소식을 접했다. 독자들이 선정한 2022년 10대 와이너리에 조 와인스가 있는 것을 보며 한국인이 아닐까 기대했는데, 내 짐작대로 한국계 미국인 부부가 운영하는 와이너리였다. 2020년 젊은 한국계 미국인 부부 데이브 조Dave Cho와 로이스 조Lois Cho는 와인 바에서 음악을 연주하며 와인에 눈을 떴고, 이후 대학에서 공부하고 와이너리에서 일하며 내공을 쌓아 마침내 와이너리를 열었다고 한다. 2021년 윌래밋 밸리Willamette Valley의 와이너리를 매입해 오리건의 주요 품종인 피노 누아뿐 아니라 스파클링 와인도 선보이기 시작했다. 2022년에는 조 와인스의 로제 스파클링 와인이 매거진 <와인 인수지애스트Wine Enthusiasts>의 100대 와인에 선정되었다.

　　2~3년 전 덴버에서 컵밥 푸드 트럭으로 성공한 젊은이들도 있었고, 뉴욕의 한식당 아토믹스Atomix는 2022년 월드 50 베스트 레스토랑 어워드World 50 Best Restaurant Awards에서 33위에 올랐다. 이 상은 미식계의 오스카상으로 불리고, <미쉐린 가이드MICHELIN Guide>와 함께 권위 있는 레스토랑 평가 기준으로 꼽힌다. 아토믹스의 주인장인 박정현·박정은 부부가 청국장, 김부각 등 토종 한식으로 승부를 걸었다는 점이 흥미롭고 기특했다. 나는 우리나라 젊은이들이 국내에서만 무언가를 일구려 하지 말고 큰물로 나갔으면 좋겠다. 해외의 우리 젊은이들이 번득이는 아이디어로 패기 있게 도전하는 모습을 보며 국내에서 고군분투하는 친구들에게 해외 진출을 적극 권하고 싶은 마음이 들었다. 바야흐로 K-컬쳐 시대 아닌가.

Life is Wild

아마 많은 사람이 '인생은 고통'이라는 말에 고개를 끄덕일 것이다. 돈이나 일의 성취를 떠나 삶은 만만치 않고, 예상치 못한 사건의 연속이다. 모두 저마다의 고민과 아픔을 마음속에 쟁여두고 사는지도 모른다.

여기 가난, 아버지의 폭력, 부모의 이혼으로 홀어머니와 힘겹게 어린 시절을 보낸 사람 이야기가 있다. 삶의 버팀목이던 어머니가 돌아가신 뒤 자포자기하는 심정으로 살아가던 중 한 남자를 만나 결혼했으나 짧은 결혼 생활을 정리한다. 그리고 그는 퍼시픽 크레스트 트레일 거친 산악 길로 나선다. 젊은 여성 혼자서 캘리포니아 모하비에서 출발해 오리건의 소도시 후드리버 옆에 있는 다리

전망대에서 내려다본 크레이터레이크 국립공원.

Bridge of the Gods 까지의 1100마일(1170킬로미터)을 걷는다. 세 달에 거쳐 홀로 삶과 죽음의 경계를 넘나드는 길을 걷고 또 걸으며 발톱이 죄 빠질 정도로 갖은 고생을 한 끝에 스스로에게 분노하며 강인해져 다시 삶의 목적을 찾아낸다. <와일드Wild>라는 소설의 주인공 이야기다. 이후 소설은 동명의 영화로 만들어졌다. 자전소설의 주인공 셰릴 스트레이드Cheryl Strayed(영화에서는 리즈 위더스푼이 이 여성의 역할을 맡았다)가 생사를 넘나들 만큼 힘든 이 여정을 보내는 길이 바로 멕시코 국경에서 캐나다 국경까지 이어지는 퍼시픽 크레스트 트레일Pacific Crest Trail(PCT)의 일부다. 이 영화가 얼마나 큰 울림을 주었던지 영화의 팬덤이 형성되고, 주인공이 걸었던 길을 순례하듯 따르는 사람들이 생겼다고 한다.

영화 촬영 도중 리즈 위더스푼은 크레이터레이크 국립공원의 산길에서 호수를 바라보며 이렇게 중얼거렸다.

"이 모든 풍경은 직접 와서 보지 않고는 믿을 수 없어. 아니, 직접 봐도 믿지 못할 거야."

배우의 감상처럼 크레이터 호수는 환상적으로 깊고 맑고 짙푸르다. 이 호수는 미국에서 가장 깊은 호수다.

포틀랜드 대신 후드리버,
과일나무 사이로

최근 한국 여행객 사이에 포틀랜드가 인기 여행지였다. 포틀랜드Portland는 상당히 조용하고 자연 친화적 도시라 바쁘게 살던 한국 사람들에게 울림을 줄 만한 요소가 많은 곳이다. 언젠가 본 슬로 라이프를 지향하는 <킨포크Kinfolk>라는 잡지도 포틀랜드에서 탄생했다고 들었다. 하지만 정작 현지인 사이에서 포틀랜드는 꽤 지루하고 답답한 도시로 여겨진다.

크레이터레이크 국립공원을 떠나 오리건 내륙의 중심지인 벤드로 가서 하루를 보낸다. 벤드Bend는 오리건 중부에서 가장 번화하고 야외 활동을 하기 알맞은 도시다. 계절과 시간에 관계없이 야외 공간에서 식사를 즐기는 레스토랑 문화가 있고, 드넓은 광장에도 푸드 트럭이 그득하다. 벤드는 미국 서부의 수제 맥주 수도라고 해도 손색없을 정도로 서른 곳이 넘는 맥주 양조장이 있다. 이 중 열 곳은 세계 정상급이다.

우리는 벤드에서 후드리버까지 가는 길에 갈림길을 만나게 된다. 여행자들은 포틀랜드를 거쳐 갈지 아니면 후드산Mount Hood 자락을 지나 후드리버로 갈지 갈등하게 된다. 아마도 많은 이들이 우리에게 익숙한 포틀랜드에 호기심을 가질 것 같다. 그런데 그쪽 사람들이 입을 모아 하는 말이 있다. "Skip Portland and make a beeline to Hood River instead." 대도시인 포틀랜드는 건너뛰고 후드리버로 곧장 가라는 소리다.

부디, 그들의 말에 따르기를 바란다. 나의 의견도 같다. 내가 이 책을 쓴 이유 중 하나도 그 말을 하고 싶어서이기에 뭔가 말이

후드리버 프루트 루프. 우리나라 과일 파는 데처럼 자연 속에 과일도 팔고 꽃도 파는 상점들이 이어진다.

통하는 친구를 만난 것처럼 반갑고 기분이 좋았다.

후드리버Hood River는 인구가 8000명도 안 되는 작은 마을이지만 컬럼비아강을 따라 자리 잡고 있어 경관이 빼어나고 세계 윈드서핑의 수도로 통할 정도로 서핑 마니아들이 모여든다. 근처에 와이너리와 과수원이 있는 후드리버 프루트 루프Hood River Fruit Loop도 놓칠 수 없다. 배, 사과, 체리를 재배하는 과수원과 와이너리, 양조장, 꽃집, 서점, 식당 등 꼭 가봐야 할 곳으로 꼽히는 명소가 스물일곱 곳에 이른다. 이 모든 곳이 자동차로 가는 35마일(56킬로미터)의 루프 길 위에 있다.

협곡에 위치한 컬럼비아 리버.

소설가 잭 케루악이
산불감시원으로 활약한 곳

노스캐스케이드 국립공원North Cascades National Park은 미국에서 제일 저평가된 국립공원이다. 캐나다 국경에 근처에 위치해 가장 가까운 도시가 시애틀인데, 시애틀에는 올림픽 국립공원을 비롯해 관광 명소가 많은 터라 사람들이 여기까지 오지 않는다. 이 공원은 연간 방문객도 많지 않고 입장료도 없다. 어느 계절에 가도 오가는 차도 많지 않고, 가끔 지나치는 작은 마을들도 한적하기만 하다. 아마도 내가 가본 국립공원 중에서 가장 조용한 곳이 아니었을까 싶다.

하지만 히피의 아버지, 소설 <길 위에서>의 작가 잭 케루악이 어느 해 여름 노스캐스케이드의 데솔레이션 피크Desolation Peak에서 두 달간 산불감시원으로 보냈다는 사실을 알면 흥미가 생긴다. 작가는 그 시절의 경험을 바탕으로 이후 두 권의 소설 <다르마 행려>와 <데솔레이션의 천사들Desolation Angels>를 출간한다.

우리나라에서도 유명한 <길 위에서>는 국내에 처음 출간되었을 때의 제목은 <노상에서>였다. 내가 대학에 다니던 시절, 그러니까 무려 1960년대의 일이다. 그의 책을 읽으며, 진정한 자유를 추구하는 주인공에게 이질감을 느꼈던 기억이 언뜻 난다. 훗날 그는 앨런 긴즈버그와 함께 비트 세대Beat Generation(1950년대 전후 산업화 이전 시대의 전원생활, 인간 정신에 대한 신뢰, 낙천주의적 사고를 중요시하던 사람들)의 기수가 되었다. 책이 출간된 후 미국에서 리바이스 청바지와 에스프레소가 불티나게 팔렸다고 하니, 그가 히피 문화의 불을 지폈다는 것은 틀림없는 사실이다. 노스캐스케이드는 잭 케루악이 다녀간 지 10년 후쯤 국립공원으로 지정되었다.

잭 케루악이 2개월간 산불감시원으로 근무했던 초소.

노스캐스케이드 국립공원 내 가장 아름다운 호수인 디아블로 호수.

종이 지도를 펼치고
여행하다

　　　　세상이 바뀌어 자동차 여행을 할 때 종이 지도가 없어도 전혀 무리가 없다. 거의 모든 렌터카에 내비게이션이 달려 있고, 스마트폰이 있으면 우리가 가고자 하는 목적지에 가장 빠르게 도달하는 길을 안내해 준다. 엄지손가락을 센티미터 단위로 움직여 주소와 지명만 입력하면 되는 이 압도적인 편리성은 분명 혁명적이다. 그런데 나는 여전히 종이 지도를 펼친다. 젊은 날 여행을 지도로 배운 때문이기도 하지만, 작은 화면 안에서 화살표만 따라가면 되는 구글 맵은 어쩐지 시야를 제한하는 느낌이 들어 갑갑하다. 종이 지도를 보면 여행은 한결 풍성해진다. 내비게이션 화면의 지도가 나무라면 종이 지도는 숲이라고 할까. 숲을 머리에 그려 넣고 길을 따라가는 것과 무작정 화살표 끝을 보고 가는 건 여행의 맛과 깊이가 사뭇 다르다. 종이 지도를 보며 가면 내가 가고자 하는 목적지까지 가는 도중에 들어오는 다양한 정보를 살펴볼 수 있어 흥미로운 지점이 생기기도 하고, 검색으로 찾지 못했던 사실을 알아채기도 한다. 종이 지도를 펼치며 향하는 여행은 길 주변에 있는 각종 정보를 받아들일 수 있는 여유와 다른 루트로 목적지에 접근할 가능성을 열어주는 데 반해, 구글 맵은 우리를 경주마처럼 목적지에 제일 빨리 도착할 수 있는 루트로만 안내한다. 이러면 목적지에 도착했을 때 우리 머리와 가슴에 남는 것이 상대적으로 적다. 그저 이동 시간을 단축하는 데에만 집중했기 때문이다.

　　　　인생도 비슷할 것이다. 직장인이라면 가파른 궤도를 그리는 승진을, 사업가라면 일의 확장과 성장을 기대하며 열심히 달리게 된다. 하지만 최단 거리만을 목표로 하면 주변을 살피지 못한다. 막상 목적지에 다다랐을 때 뒤를 돌아보면 가족도, 친구도, 후배도 남아 있지 않은 경우가 적지 않다. 이것이 좋은 인생이라고 말하기는 힘들 것이다.

나는 구글 맵이 잘못됐다고 말하는 것이 아니다. 익숙지 않은 길을 가야 하는 해외 자동차 여행에 없어서는 안 될 필수적인 수단이고, 나 역시 구글 맵을 이용한다. 하지만 구글 맵이 시키는 대로만 갈 필요는 없다. 우리가 여행을 떠나는 이유는 뭔가를 해치우듯 목적지 순방을 하는 것이 아니니까 말이다.

쿠스베이 근처 쇼 에이커 보태니컬 가든

시닉 로드를 누비는
자동차 여행의 묘미

이 책의 큰 주제를 미국 서부 국립공원으로 잡기는 했지만, 국립공원에 도착하는 것이 여행의 목적일 수는 없다. 우리의 인생을 완성하는 것이 순간과 순간의 만남인 것처럼, 여행 역시 목적지로 향해 가는 동안 만나게 되는 작은 순간과 경험들이 훨씬 소중하다.

미국 서부에는 차로 달리는 것 자체로 엄청난 기쁨을 안겨주는 아름다운 도로가 많다. 이른바 시닉 로드scenic road라고 불리는 주변 경관이 빼어난 도로들이다. 워싱턴주에는 올림픽 국립공원을 끼고 있는 올림픽 페닌슐라Olympic Peninsula가 있다. 반도처럼 툭 튀어나와 이런 이름이 붙었는데, 올림픽 페닌슐라를 한 바퀴 도는 도로의 풍경은 너무나 아름다워 감동을 자아낸다. 트라웃데일에서 후드리버까지 이어지는 컬럼비아 리버 하이웨이Columbia River Highway 역시 감탄사를 연발하게 하는 도로다.

이 책에서 소개하는 루트에는 미국의 권위 있는 여행지와 관광청 등이 선정한 시닉 로드가 많이 포함되어 있다. 책 곳곳에서 소개하겠지만, 굳이 이 책의 내용에만 얽매일 필요는 없다. 자동차로 달리다 아름다운 풍경이 나타나면 잠깐 멈춰 사진도 찍고 주변 경관도 감상하자. 내가 원하는 곳에 멈출 수 있다는 것은 자동차 여행만이 줄 수 있는 기쁨 중 하나다.

마운트 레이니어 국립공원을 관망할 수 있는 선라이즈 포인트. 산꼭대기에 주차장이 있다.

OH'S TRAVEL NOTE
8박 10일

Day 1

ICN(18:00) → SEA(12:30)

14:00 Hurricane Ridge(116마일/3시간) 공항에서 렌터카를 인수해 미국 여행 서적에서 빠지지 않고 등장하는 관광 명소인 허리케인 리지로 간다.

17:30 Hurricane Ridge → Sequim(35마일/50분) 스큄에서는 매년 7월 둘째 주말에 라벤더 축제가 열린다.

18:20 Olympic View Inn 숙소에 체크인.

18:40 Alder Wood Bistro 저녁 식사.

Day 2

07:00 Oak Table Café 아침 식사. 워싱턴주 조식 베스트 9에 드는 곳이다.

08:00 Sequim → Forks(85마일/1시간 40분) 영화 <트와일라잇>의 배경이 된 마을. 마을 전체가 트와일라잇 테마파크 같다.

10:00 Forks → Hoh Rain Forest(30마일/40분)

11:20 Hoh Rain Forest → Kalaloch Beach(30마일/40분)

12:00 Kalaloch Lodge 점심 식사. 해변 산책, 근처 루비 비치에서는 워싱턴주에서 가장 독특한 나무인 '트리 오브 라이프Tree of Life'를 볼 수 있다.

15:00 Kalaloch → Long Beach(145마일/3시간)

18:00 Adrift Hotel + Spa 숙소. 롱비치는 아름다운 해변과 산책로로 유명한 도시다. 어드리프트 호텔 + 스파는 해변을 곁에 두고 있고, 롱비치 메인 스트리트 주변의 모든 레스토랑과 쇼핑센터를 편하게 이용할 수 있다.

19:00 The Chowder Stop 저녁 식사. 어드리프트 호텔 + 스파 주변으로 훌륭한 레스토랑이 많지만 이곳을 추천한다. 롱비치에서 가장 합리적인 가격으로 질 좋고 맛있는 음식을 먹을 수 있는 레스토랑이다. 이름 그대로 생선이나 조개류로 만든 걸쭉한 수프인 차우더가 아주 맛깔스럽다.

Day 3

07:30	**Long Beach → Astoria**(20마일/30분) 체크아웃 후 차로 30분 거리에 있는 컬럼비아강 건너의 항구도시 애스토리아로 이동.
08:00	**Astoria Coffeehouse & Bistro or Coffee Girl** 둘 중 한 곳에서 조식.
09:00	**Astoria → Ecola SP**(26마일/40분) 이콜라 주립공원은 오리건 코스트에서 가장 아름다운 공원이라 해도 과언이 아니다. 꼭 천천히 산책하며 둘러보기 바란다. 이콜라 포인트Ecola Point라는 전망대에서 보는 바다와 암석이 어우러진 풍경은 특히 이국적이고 멋지다.
10:20	**Ecola SP → Cannon Beach**(3마일/15분) 캐넌 비치는 오리건을 대표하는 명소 중 하나로, 길고 모래가 많은 것으로 유명한 해변이다. 여기서 꼭 봐야 할 것은 바다에 우뚝 솟아 있는 헤이스택 록Haystack Rock. 실제로 보면 사뭇 숭고한 느낌마저 든다. 이곳에서 느긋하게 시간을 보낸다.
11:30	**Wayfarer Restaurant** 점심. 캐넌 비치에 있는 전망이 좋은 레스토랑이다.
12:30	**Cannon Beach → Tillamook**(40마일/50분) 틸라무크는 질 좋은 치즈를 만들기로 유명한 도시다. 특히 틸라무크 크리머리Tillamook Creamery는 명성이 자자한 치즈 공장이다. 우리로 치면 마치 거대한 간장 공장 같은 느낌일까? 공장 내부에는 틸라무크 치즈의 역사와 발전 과정 등이 일목요연하게 잘 정리되어 있다. 이곳에 가서 간단히 먹을 만한 치즈도 좀 사고, 공장 곳곳을 둘러보는 것도 색다른 즐거움을 안긴다.
13:30	**Tillamook → Adobe Resort Yachats**(93마일/2시간) 숙소. 야하츠는 인구가 1천 명도 안 되는 작은 마을이다. 이 작은 마을에 숙소를 잡는 이유는 근처에 훌륭한 관광지가 많기 때문이다. 숙소로 가는 길에 만나는 토르의 우물Thor's Well & Devil's Churn은 유명한 관광지다. 거친 파도가 갈라진 싱크홀 사이로 들어와 위로 솟구치다가 다시 구멍 사이로 빨려 들어간다. 마치 물이 지하로 빨려 들어가는 느낌마저 들어 악마의 뒤틀림이라는 의미의 데빌스 천Devil's Churn이라고도 불린다. 간조일 때는 물이 없어 단순히 구멍 난 바위처럼 보이니 가급적 물이 들어오는 만조일 때 가야 한다. 일몰에는 특히 아름답다. 토르의 우물 근처에 케이프 퍼페추아 전망대Cape Perpetua Overlook가 있다. 차로 쉽게 올라갈 수 있고, 위에서 내려다보는 풍경도 근사하니 시간 여유가 있으면 꼭 올라가보자.
19:00	**Yachats Brewing** 야하츠 일대는 수제 맥주를 만드는 훌륭한 브루어리가 많이 밀집해 있다. 야하츠 브루잉은 그중에서도 맥주 맛으로 손꼽히는 곳이다. 여기서 생맥주 한 잔으로 가벼운 저녁을 대신해도 되고, 근처 해산

물 식당으로 가도 좋다. Luna Sea Fish House는 발라 먹기 편한 해산물 요리 전문점이다.

Day 4

07:30 **The Drift Inn** 호텔 체크아웃 후 인근에 있는 드리프트 인 호텔에서 조식을 먹고 길을 나서는 것을 추천한다.

08:30 **Yachats → Shore Acres SP**(62마일/1시간 30분) 쇼어에이커스 주립공원 인근에는 가볼 만한 곳이 세 군데 있다. 쇼어에이커스 식물원Shore Acres Botanical Gardens, 선셋베이 주립공원Sunset Bay State Park, 오리건 사구Oregon Dunes가 그것이다. 이 세 장소는 서로 인근에 붙어 있어 한 번에 둘러보기 편하다. 장관이라고 할 수는 없지만 아기자기하고 소소하게 볼거리가 많은 곳들이다.

12:00 **Sumin's Restaurant & Sushi Bar** 점심. 쿠스 베이Coos Bay에 있는 이 레스토랑에서는 한식과 스시 메뉴를 함께 판다.

13:00 **Coos Bay → Crescent City**(133마일/2시간 30분) 식사 후 크레센트 시티로 이동. 가는 도중에 브루킹스Brookings라는 마을에 있는 슬러그 앤드 스톤스 앤드 아이스크림Slugs 'N Stones 'N Ice Cream Cones이라는 곳에 꼭 들러보자. <선셋Sunset> 매거진이 오리건 코스트에서 가장 맛있는 아이스크림 가게로 추천한 곳이다.

15:30 **Best Western Plus Crescent City** 숙소. 체크인을 하고 인근 레드우드 국립공원으로 출발한다.

16:00 **Redwood NP** 레드우드 국립공원은 키가 100미터에 달하는 세계에서 가장 큰 나무인 레드우드(미국삼나무)가 있는 곳이다. 영화 <스타워즈 에피소드 6: 제다이의 귀환>의 촬영지로도 유명하다.

17:00 **Trinidad State Beach** 레드우드를 충분히 둘러봤다면 근처 트리니다드 스테이트 해변으로 가보자. 자유롭게 파도를 타는 서퍼들의 모습이 싱그럽고, 바다표범이나 고래 같은 바다 동물들도 쉽게 볼 수 있다. 오래도록 아름다운 해변으로 기억될 것이다. 트리니다드 스테이트 해변에서 크레센트 시티로 돌아가는 길에 9마일(15킬로미터)에 걸쳐 경관이 빼어난 해안도로가 펼쳐진다. 해안도로가 끝나면 이어지는 뉴턴 B. 드루리 시닉 파크웨이Newton B. Drury Scenic Parkway라는 도로도 수려한 풍광을 자랑하니 차로 한번 달려보길 권한다.

18:00   **Fern Canyon** 펀 캐니언은 공룡이 살았던 고생대의 밀림이 연상되는 깊은 숲 지대다. 실제로 스티븐 스필버그의 영화 <쥬라기 공원>의 촬영지이기도 하다. 산책로는 짧지만 이곳에 들어서면 원시시대의 숨결이 그대로 느껴지는 듯하다.

18:30   **Good Harvest Cafe** 저녁 식사. 호텔 바로 옆에 있는 데다 분위기나 음식 맛 모두 나무랄 데 없다.

Day 5

07:30   호텔 조식 후 체크아웃. 베스트웨스턴 호텔은 대부분 조식을 제공한다.

08:30   **Crescent City → Jedediah Smith Redwoods SP → Grants Pass (Howland Hill Road를 지나) → Prospect**(150마일/3시간 30분) 호텔에서 나와 향할 목적지는 프로스펙트다. 프로스펙트로 가는 도중에 제데다이아 스미스 레드우즈 주립공원이 있으니 꼭 가보기를 바란다. 이 공원으로 향하는 길은 레드우드 국립공원에서 가장 아름다운 길 중 하나다. 공원을 잠깐 둘러보고 그랜츠패스를 목적지로 정해 다시 움직이면 된다. 그랜츠패스로 가기 위해서는 하울랜드 힐 로드라는 도로를 타는데, 이 길이 무척 아름답고 달리는 기분도 상쾌하다. 그랜츠패스 자체는 딱히 볼 것이 없으니 여기서 잠깐 쉬었다가 원래 목적지인 프로스펙트를 향해 부지런히 달려가자.

12:00   **Beckie's Café** 점심은 길가의 베키스 카페에서. 이곳은 파이로 유명하다. **Rogue River Gorge Viewpoint** 베키스 카페에서 걸어서 5분 거리에 로그강 협곡 전망대가 있다. 로그강은 큰 강은 아니지만 암벽과 그 주변을 둘렀싼 풍경이 수려해 보고 있으면 마음이 탁 트이는 기분이 든다.

13:30   **Prospect → Sinnott Memorial Overlook in Crater Lake NP**(35마일/1시간) 이제 차로 1시간 정도 달려 크레이터레이크 국립공원으로 간다. 공원 내 호수를 끼고 도는 림 드라이브Rim Drive라는 아름다운 도로가 있다. 이 길을 따라 시넛 메모리얼 전망대로 가보자. 그리 많이 걷지는 않으니 반드시 가서 볼 것을 권한다. 여기서 보는 풍경이 정말 근사하다.

14:30   **Crater Lake NP**(44마일/1시간) 크레이터레이크 국립공원은 오리건주에서 유일한 국립공원이다. 리즈 위더스푼이 주연한 영화 <와일드>의 배경이 되는 퍼시픽 크레스트 트레일이 이 국립공원 안에 있다. 자포자기의 심정으로 살아가던 주인공이 험준한 산악 길을 걸으며 삶의 목적을 찾아내는 감동적인 영화다. 이 영화의 팬들은 주인공이 걸었던 길을 순례하듯 따라 걷기도 한다.

16:30　Crater Lake NP → Campfire Hotel, Bend(100마일/1시간 30분) 오리건주의 중심지인 벤드의 숙소. 벤드 근처 럭셔리 리조트 프롱혼Pronghorn 내 골프장은 전설적인 골프장 설계자 톰 파지오가 설계했고, 잭 니클라우스 코스도 있다. 골프를 좋아한다면 가볼 만하다.

18:30　Bangers & Brews 저녁 식사. 뱅어스 앤드 브루스는 2019년 레스토랑 앱 옐프Yelp 선정 미국 100대 가성비 맛집 순위에서 1위에 오른 곳이다. 고급스러운 파인 다이닝 레스토랑은 아니지만 대중적인 맛집이고, 가격 대비 음식 수준이 훌륭하다는 뜻이다.

Day 6

07:00　McKay Cottage Restaurant 호텔 체크아웃 후 인근에 있는 매케이 코티지 레스토랑에서 조식을 먹기를 권한다. 벤드에서 최고의 조식을 제공하는 곳으로 유명하거니와 이날 소화할 스케줄이 꽤 빡빡하기 때문에 아침을 든든히 먹어야 한다.

08:00　Bend → Timberline Lodge(111마일/2시간 10분) 팀버라인 로지는 지명이자 호텔 이름이다. 이 호텔 안에 있는 캐스케이드 다이닝 룸Cascade Dining Room은 이 근방의 현지인들이 선정한 가장 훌륭한 레스토랑이다. 이곳에서 점심을 먹으면 좋다.

13:00　Timberline Lodge → Troutdale → Hood River(100마일/2시간) 점심을 먹고 나서 후드리버로 향한다. 중간에 트라웃데일에 들러 잠깐 쉴 텐데, 여기서부터 후드리버까지 이어지는 길이 숨이 멎을 만큼 아름답다. 이 길의 이름은 컬럼비아 리버 하이웨이다. 환상적인 풍광을 눈에 담으며 끝없이 이어질 듯한 도로를 달리는 기쁨을 만끽할 수 있다.

15:00　Hood River Fruit Loop 후드리버에 도착하면 후드리버 프루트 루프라는 일종의 거대한 과수원 거리가 등장한다. 후드강을 따라 양안에 자리 잡은 거리로, 곳곳에서 잘 익은 과일과 꽃을 쉽게 만날 수 있다. 가족이 함께 체리나 오렌지 같은 과일을 직접 딸 수 있는 프로그램도 준비되어 있으므로 수확의 기쁨을 누려보는 것도 뜻깊을 것이다.

17:30　Best Western Plus Hood River Inn 숙소에 체크인.

18:00　Riverside Restaurant 이날 묵을 베스트웨스턴 호텔 안에는 리버사이드라는 이름의 레스토랑이 있다. 후드강을 앞에 둔 이 레스토랑에서 저녁을 먹으며 마주하는 야경이 압권이다.

Day 7

07:30 호텔 조식 후 체크아웃.

08:30 **Hood River → Yakima → Paradise Inn in Mount Rainier NP**(150 마일/3시간) 야키마를 거쳐 마운트 레이니어 국립공원 안에 있는 파라다이스 인 호텔로 향하는 일정이다. 야키마 일대는 소위 야키마 밸리라고 불리는 와이너리 밀집 지역이다. 최고급 와인이 생산되는 곳은 없지만 나름대로 풍미 깊은 와인을 선보인다. 이 중에 트레베리 셀러스Treveri Cellars라는 곳이 있는데 워싱턴주 최고의 스파클링 와인을 생산하는 곳이다. 앞서 말했듯 힐러리 로댐 클린턴이 백악관 시절 파티용 와인으로 자주 선택해 유명해진 와인이기도 하다. 기념으로 한두 병 사서 12번 도로를 타고 마운트 레이니어로 향한다.

11:30 **Paradise Inn** 점심 식사.

13:30 **Sunrise Point → Yakima → Leavenworth → Lake Chelan**(220 마일/4시간) 식사 후 선라이즈 포인트로 이동해 경관을 감상하고 출발한다.

17:30 **Campbell's Resort** 숙소. 쉴란 호숫가 리조트에 체크인을 한다. 쉴란 호수를 품은 이 호텔은 고요하고 평온한 풍경 속에서 온전한 쉼을 제공한다.

18:30 **Sorrento's in Tsillan Cellars Estate** 저녁 식사. 숙소에서 멀지 않은 곳에 있는 쉴란 셀러 와이너리 안에 있는 이탤리언 레스토랑이다. 워싱턴주에서 가장 경치 좋은 레스토랑으로 꼽힌다.

Day 8

07:00 **Riverwalk inn** 호텔 식당에서 아침을 먹는다.

08:30 **Lake Chelan → Marblemount in North Cascade NP** 노스캐스케이드 국립공원을 거쳐 시애틀로 돌아간다. 노스캐스케이드 국립공원은 방문객이 많지 않아 요금도 받지 않는다. 국립공원 내에 있는 디아블로 호수 Diablo Lake를 보고 보Bow라는 작은 마을로 간다. 2019년 여행에서 일행 모두 멋진 곳이라고 감탄했던 동네다. 우리가 점심을 먹을 오이스터 바The Oyster Bar는 워싱턴주의 작은 마을 식당 중 최고로 선정된 맛집이다.

13:30 **Seattle Premium Outlet** 시애틀로 돌아가는 길에 시애틀 프리미엄 아웃렛이 있다. 보에서 차로 30분이면 가는 곳이니 필요하면 들르는 것도 좋을 듯하다.

15:30 **Seattle Premium Outlet → Pike Place Market**(74마일/2시간)

파이크 플레이스 마켓은 꽤 유명한 관광지다. 그 유명한 스타벅스 1호점을 비롯해 레이철 진저 맥주Rachel's Ginger Beer, 비처스 핸드메이드 치즈 Beecher's Handmade Cheese 등 여러 상점이 있으니 한번 들러보자.

18:00　**Double Tree Inn in SeaTac** 더블트리 호텔에 체크인. 호텔 식당이 별로이므로 걸어서 5분 거리에 있는 13 Coins SeaTac에서 저녁을 먹는다. 저녁 식사 후 렌터카를 반납하고 택시로 호텔로 돌아온다. 마지막 밤이다.

Day 9

07:30　호텔 조식 후 체크아웃. 셔틀로 공항 이동.

SEA(12:30) → **ICN**(+1일)

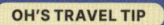

공항이나 주유소에서 사지 말아야 할 스낵

미국 질병통제예방센터(CDC)에서 공항에서 사 먹지 말아야 할 음식을 꼽은 기사를 읽은 적이 있다. 샐러드 바의 샐러드, 대용량 커피, 감자튀김과 프레츨, 당도 높은 요구르트, 칵테일, 맥주와 와인, 스시, 델리미트(조리 가공육)다. 샐러드 바의 샐러드와 스시, 델리미트는 위생상의 우려로, 이뇨 작용을 하는 커피는 비행기를 탔을 때 화장실에 자주 가야 하는 불편을 초래할 수 있으므로, 당도 높은 요구르트도 내장을 자극할 수 있으므로 피해야 한다. 이 밖에 비행기의 고도가 높아지면서 기압이 낮아지면 튀긴 음식을 먹은 경우 배에 가스가 찰 수 있고, 술을 마신 경우 신체의 산소 흡수 능력이 떨어질 수 있다고 한다.

오래전 어느 잡지에서 본 주유소에서 사지 말아야 할 품목을 꼽은 기사도 재미있었다. 샌드위치, 탄산음료, 핫도그, 포테이토칩, 맥주, 와인, 도넛, 슬러시 등을 쭉 언급하다가 마실 것과 스낵이라고 쓰여 있었다. 한마디로 미국 주유소의 먹을거리는 웬만하면 사지 말라는 소리다. 심지어 기념품과 잡지도 사지 말라고 조언했다. 그도 그럴 것이 인적이 드물고 그만큼 물건이 잘 팔리지 않는 곳이기 때문이다.

끝으로 자동차 여행을 할 때 추천할 만한 간식과 권하지 않는 간식도 소개한다. 그래놀라 바, 견과류, 과일, 육포, 그릭 요구르트 등은 체력을 유지하는 데 도움이 되고 자동차 내부에 흘렸을 때 크게 문제 될 것이 없는 것들이다. 이와 달리 칩이나 쿠키, 달콤한 음료, 패스트푸드 등은 부스러기가 떨어지고 기름기나 당분은 잘 닦이지 않으므로 자동차 안에서 되도록 먹지 않는 편이 안전하다. 내가 자동차 여행을 할 때 애용하는 스낵은 떨어뜨려도 큰 탈이 없는 젤리와 당분 없는 음료(물이 최고다), 체력이 급격히 떨어질 때 요긴한 버터 쿠키(한 입 크기)다.

워싱턴주 와인

워싱턴주는 미국에서 캘리포니아 다음으로 와인 생산량이 많으며, 대표적인 지역은 컬럼비아 밸리와 왈라왈라 밸리다. 워싱턴주 와인이 시작된 컬럼비아 밸리에서는 레드와인 품종으로는 카베르네 소비뇽, 메를로, 화이트와인 품종으로는 리슬링, 피노 그리, 소비뇽 블랑, 게뷔르츠트라미너 등을 주로 재배한다. 시애틀 지역과 달리 연중 300일 이상 날씨가 맑아 다양하고 품질이 우수한 와인을 생산하고 있다. 몇 년 전까지 우리나라에 컬럼비아 크레스트Columbia Crest를 필두로 가성비 높은 워싱턴주 와인이 수입되었고, 최근 고급 와인도 들어오고 있다. 힐러리 로댐 클린턴이 좋아하는 트레베리Treveri도 이 지역에서 생산한다.

퀼시다 크리크Quilceda Creek, 콜 솔라레Col Solare, 샤토 생미셸Chateau St.Michelle, 찰스 스미스Charles Smith, 베츠 패밀리Betz Family, 컬럼비아 크레스트Columbia Crest, 던햄Dunham, 키오나Kiona, 드릴DeLille, 콜리스Corliss, 헤지스Hedges 등이 대표 와이너리로 꼽힌다.

왈라왈라는 미국에서 가장 급성장하고 있는 와인 산지로 무려 120여 곳의 와이너리가 있고, 왈라왈라 다운타운에 40여 곳의 시음실이 모여 있어 와인을 쉽게 접할 수 있다. 왈라왈라는 인디언 말로 'water water'라는 뜻이다. 지명에서 알 수 있듯 물이 풍부하다. 이곳에서 주로 재배하는 품종은 카베르네 소비뇽과 시라이며, 대표 와이너리로 레오네티Leonetti, 케이 빈트너스K Vintners, 케이유스Cayuse, 그러머시Gramercy, 레콜 41L'ecole 41, 아베이하Abeja, 우드워드 캐니언Woodward Canyon, 세븐힐스Seven Hills, 노스스타Northstar, 아마비Amavi, 워터브룩Waterbrook, 캔버스백Canvasback 등이 있다.

오리건주 와인

오리건주의 와인 산지는 윌래밋 밸리를 주축으로 위로는 후드리버 지역과 아래로는 로그리버 지역이 있다. 주력 품종은 피노 누아와 피노 그리인데 샤르도네, 게뷔르츠트라미너, 시라도 생산한다. 특히 피노 그리 품종은 특유의 청량감이 매력적이다. 주요 와이너리로 크리스톰Cristom, 도메인 세렌드Domaine Serene, 보페레르Beaux Frères, 아처리 서밋Archery Summit, 아가일Argyle, 킹 에스테이트King Estate, 렉스 힐Rex Hill, 포리스Foris, 폰지Ponzi, 도맹 드루앵Domaine Drouhin, 엘크 코브Elk Cove가 있으며 한국인이 운영하는 조 와인스CHO Wines도 유명하다. 포리스의 게뷔르츠트라미너는 가격이 비싸지 않으면서 맛이 좋다.

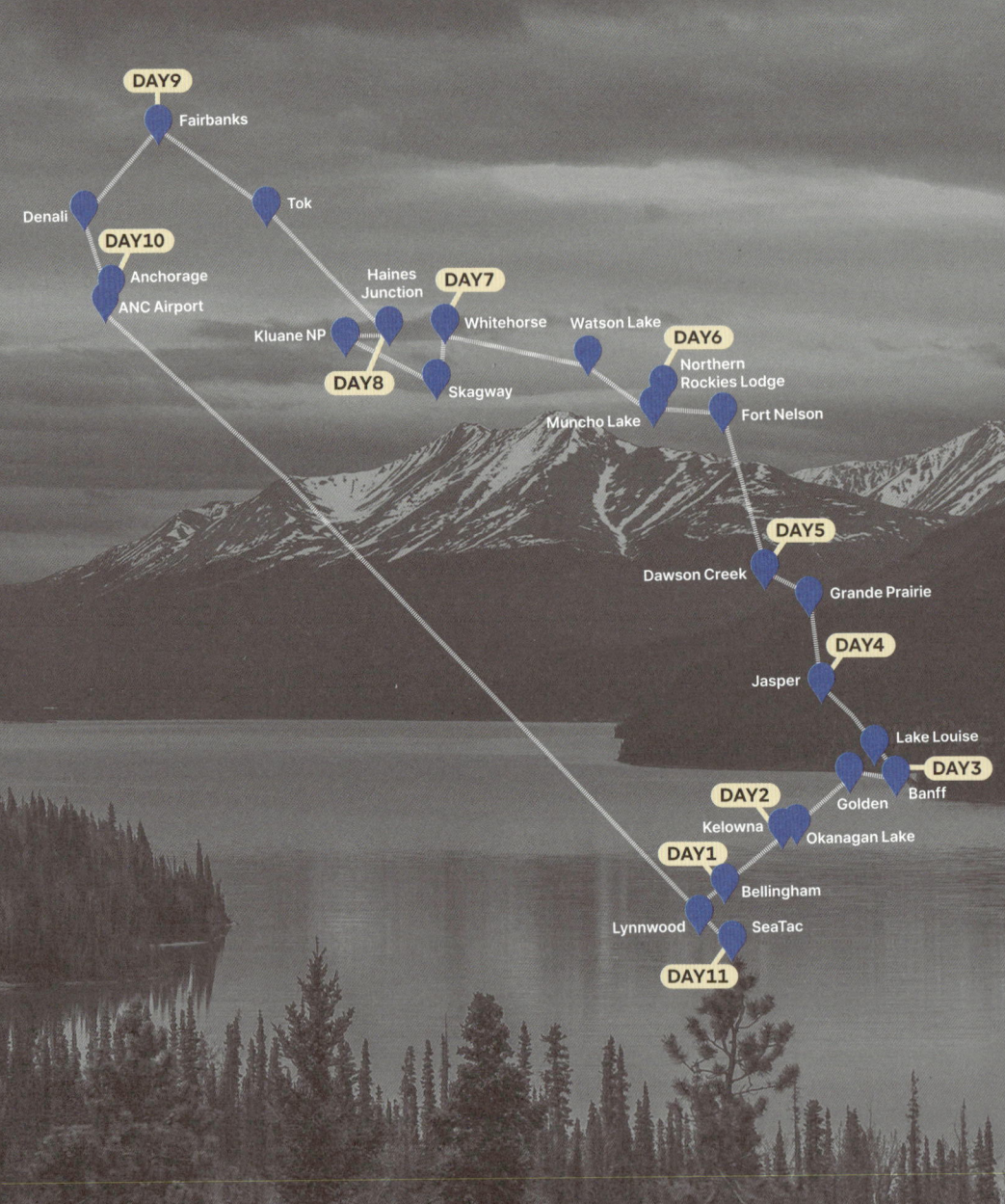

Alaska Highway & Canadian Rockies

끝없는 원시림을 지나
미국의 끝 알래스카와 캐나다까지

ROUTE 3

캐나디안 로키를 거쳐 알래스카 하이웨이를 달리는 이 루트는 아마 이 책에서 소개하는 7개 루트 중 가장 지루한 여정일지도 모른다. 길은 원시 자연 그대로인 곳이 많아 절경이지만, 눈과 마음을 홀릴 만큼 아기자기한 맛은 덜하고 유명 관광지라고 할 만한 광경도 드물다. 이 루트는 끝없이 펼쳐진 미국과 캐나다 북서부의 장엄한 대자연 속을 수도하듯 달려야 하는 고독한 여정이다. 모든 여행이 늘 떠들썩하고 즐거울 필요는 없지 않은가. 가끔은 끝도 없이 펼쳐진 전나무 숲길과 이야기가 통하는 친구들만으로 충분하다. 긴 여정을 함께하며 나누는 대화는 가끔 만나 밥을 먹으며 하는 이야기와는 사뭇 다르다.

시애틀에서 앵커리지까지는 직선거리 4000킬로미터(이동 거리 5000킬로미터)가 넘는 장거리여서 상대적으로 위험 요소가 있고, 캐나디안 로키를 제외하면 흔히 관광지에 기대하는 편안히 먹고 잘 만한 곳도 없으니 부부 동반 여행보다는 남자끼리 떠나기를 권한다. 물론 취향에 따라 다를 수 있다. 오가는 차들도 별로 없어 가끔 길에서 만나는 곰이나 사슴, 그리고 들소들이 반갑기까지하다. 밴쿠버를 떠나 앵커리지에 도착하기까지, 캐나디안 로키 일부와 출발지인 도슨크리크와 화이트호스를 빼고는 변변한 숙소나 음식점도 없다. 허름한 모텔과 다른 선택의 여지가 없는 음식점, 고속도로에 꼭 필요한 주유소가 전부다. 심지어 알래스카 하이웨이의 기니긴 여정에 인구 1만 명이 넘는 곳도 앞서 언급한 두 도시뿐이다. 도슨크리크가 1만1000명, 화이트호스가 3만 명 정도다. 그럼에도 이 루트를 추천하는 이유는 알래스카 하이웨이가 지구상에서 가장 높은 위도에 놓인 고속도로이기 때문이다. 그 길을 달려보면 동감할 것이다. 그 사실만으로 충분하다는 것을.

지구에서
가장 높은 고속도로

알래스카 하이웨이는 도슨크리크에서 페어뱅크스까지 총 길이 약 2300킬로미터(서울에서 부산까지 경부고속도로상의 거리가 약 400킬로미터)에 이르는 긴 도로다. 알래스카라는 인적 드문 대륙에 도로를 만들어야 했던 이유는 전쟁 때문이었다. 제2차 세계대전 당시, 1941년 12월 7일 일본의 진주만공격 이후 미국 정부는 본토에서 일본을 공격하기 가장 가까운 지점인 알래스카에 거점을 구축하기로 결정한다. 그리고 군수품 운반을 위해 미국 본토와 알래스카를 연결하는 도로 건설 계획을 세웠다. 그 길이 바로 알래스카 하이웨이 Alaska Highway다. 미국 공병대는 1942년 3월부터 그해 11월까지, 8개월이라는 짧은 기간에 초인적인 작업량을 감당하며 어마어마한 길이의 도로를 완공한다. 국가를 생각하는 군인들의 희생정신이 아니었다면 불가능했을 일이다. 그런데 그런 노고가 무색하게 그 길은 군사적으로는 큰 역할을 하지 못했다.

이렇게 놓인 길은 처음에는 관광도로가 아니었다. 배와 비행기보다 운송비가 저렴해 대형 트럭이 오가는 산업도로로 이용했다. 편도 1차선, 왕복 2차선 도로로 사고 위험이 있고, 겨울에 얼었던 땅이 녹아 싱크홀이 생기기도 해 일반 여행객보다는 트럭 운전자들이 주로 다니던 도로였다. 이후 캐나다 정부에서 도로를 관리하며 곡선으로 놓인 길을 직선화하고 포장도 하면서 1970년대 중반에 이르러 일반인의 이용도 늘기 시작했다. 이 길, 알래스카 하이웨이의 닉네임이 '톱 오브 더 월드 하이웨이 Top of the World Highway'다. 글자 그대로 지구상의 가장 높은 위도에 있는 고속도로다.

알래스카 하이웨이를 달리며 저 멀리 로키산맥 북부가 보인다. 산기슭에 노랗게 물든 사시나무가 찬란하다.

렌터카는
편도로 빌린다

    이 루트에는 아무래도 꼼꼼히 챙겨야 할 것이 많다. 우선 출발하기 2~3개월 전에 렌터카와 호텔 예약을 마쳐야 한다. 마을이 띄엄띄엄 있는 데다 시골 모텔은 규모가 크지 않아 방이 몇 개밖에 없기 때문에 모텔 방도 예약해 두는 편이 안전하다. 렌터카는 시애틀에서 앵커리지까지 편도로 이용할 계획이기 때문에 특정 렌터카 회사 딱 한 곳만 선택할 수 있다.

    렌터카는 보통 왕복이 기본이다. 빌린 곳에 반납하는 것이 원칙이기 때문에, 편도로 이용할 경우 꽤 많은 비용을 지불해야 한다. 보통 자동차 여행은 가는 길과 돌아오는 길이 다르기 때문에 왕복하는 조건이 나쁘지 않다. 하지만 시애틀에서 앵커리지까지 직선거리로 약 4000킬로미터를 달려야 하는 이 루트를 왕복하는 것은 시간과 렌터카 비용 면에서 부담스러울 뿐 아니라 같은 길을 되돌아와야 하는 터라 편도로 족하다. 문제는 대부분의 렌터카 회사는 시애틀에서 앵커리지까지 편도로 렌트를 해주지 않는다는 사실이다. 국경을 넘어 타국으로 이동하는 터라 거리와 국경을 넘는 문제로 차를 회수하기가 번거로운 탓이다. 우리가 흔히 알고 있는 허츠Hertz, 에이비스Avis, 내셔널National 등 일반적으로 알려진 회사에서는 국경을 넘는 루트에 이용 가능한 편도 상품이 없다. 다행히 시애틀에서 앵커리지까지 편도 여행을 지원하는 렌터카 회사가 한 군데 있다. 고노스, 알래스카GoNorth, Alaska다. 심지어 대리점도 시애틀·터코마 국제공항에서 꽤 떨어져 있어 택시를 타고 이동해야 한다. 앵커리지에서 시애틀로 자동차 여행을 떠나는 사람들도 있기 때문에 이렇게 운영할 수 있다고 한다. 다만 예약이 쉽지 않으므로 서둘러야 하고, 특히 원하는 크기의 차를 빌리려면 늦어도 3개월 전 예약이 필수다. 이 루트를 운행하기 위해 차를 빌릴 때는 평소보다 차 상태를 꼼꼼히 살펴야 한다. 먼 거리를 가야 하므로 타이어 상태나 와이퍼 작동 여부 등도 반드시 확인한다. 몇 시간을 달려도 제대로 된 휴게소나 편의점 하나 찾기 힘든 루트이니 차에 비상 약품과 식량을 상비하고, 주유소가 보이면 무조건 기름을 채워야 한다. 나도 경험으로 깨달은 사실이다. 주행 도중에 곰이나 버필로, 무스(엘크) 같은 야생동물을 만날 일도 많다. 참고로 길에서 이런 야생동물을 만나면 절대 클랙슨을 울리거나 빨리 달리지 말고 길을 비켜줄 때까지 기다려야 한다. 차창 너머로 이들이 느긋하게 이동하는 모습을 지켜보는 것도 재밋거리다. 혹시 캠핑을 할 계획이라면 반드시 모기약을 준비해야 한다. 이 지역 산 모기는 청바지도 뚫을 정도로 강력하다.

캐나다안 로키를 거치는
여정

누군가는 '시애틀에서 알래스카까지 가는 일정에 왜 밴쿠버와 휘슬러를 포함하지 않았지?'라고 의문을 품을지도 모른다. 휘슬러Whistler는 캐나다의 대표적인 관광도시다. 시애틀과 밴쿠버에서도 많은 여행객이 찾아가는 곳이다. 동계올림픽이 열린 스키 리조트를 비롯해 매력적인 스키 리조트가 즐비한 곳으로 겨울은 물론 사계절 내내 각광받고 있다. 그래서 1년 내내 사람이 바글바글하고, 물가도 비싸다. 포시즌스나 페어몬트 같은 고급 호텔이 즐비한 것만 봐도 짐작할 터다. 한 번쯤 가볼 만한 곳이긴 하다. 그런데 내가 휘슬러를 이번 루트에 포함하지 않은 이유는 단순하다.

2019년 8월에 친구들과 알래스카 하이웨이를 여행한 적이 있다. 우리는 시애틀에서 만나 밴쿠버에서 하루를 묵고 휘슬러를 거쳐 알래스카 하이웨이의 시발점인 도슨크리크까지 갔다. 즉 휘슬러를 거쳐 도슨크리크에 가려면 도중에 이틀 밤을 자야 한다. 거리가 먼 데다가 변화가 거의 없는 풍경이 지루하게 이어지고 숙소도 허름해 이 책에서는 다른 루트를 권한다. 여행 중에 이틀이라는 시간을 들여 지나기에는 대체로 황량하고 딱히 볼 것이 없는 루트다. 그래서 이번에는 휘슬러에 들르지 않고 우회해 캐나다안 로키를 거쳐 가는 여정을 짰다. 첫날 시애틀 북쪽의 벨링엄Bellingham에서 하룻밤 묵고, 캐나다 최고의 와인 산지 오카나간 밸리Okanagan Valley의 중심 도시 컬로나Kelowna에서 둘째 날 밤을 보낸다. 오카나간 밸리는 북미에서 가장 저평가되고 덜 알려진 와인 산지다. 위도 49도상에 위치하나 연간 300일 이상 햇볕이 쨍쨍한 맑은 날이 이어지는 지역이라 독일의 모젤 지방, 프랑스의 알자스 지방에 버금가는 양질의 와인이 생산된다. 오카나간 밸리의 레드와인은 카베르네 소비뇽과 피노 누아, 화이트와인은 피노 그리, 리슬링, 게뷔르츠트라미너, 소비뇽 블랑이 주를 이룬다. 캐나다 하면 떠오르는 아이스 와인도 이곳에서 만들어진다.

셋째 날은 무려 다섯 개의 국립공원으로 둘러싸인 골든을 거쳐 밴프에서 머물고, 넷째 날은 레이크루이스를 거쳐 재스퍼에서 묵은 뒤 드라이브하며 캐나디안 로키를 만끽한다. 다섯째 날 도슨크리크에 도착해 본격적으로 알래스카 하이웨이를 달릴 준비를 한다.

캐나다 최고의 와인 산지인 오카나간 밸리.

유서 깊은 페어몬트 호텔.

캐나디안 로키에
태극기는 휘날리고

1981년 11월 나는 미국 주재원으로 발령을 받고 미국으로 향했다. 내가 미국에 도착한 날은 11월 17일, 그로부터 약 4주 후인 12월 12일에 아내와 두 딸이 도착하기로 되어 있었다. 서울에서 우리는 아파트 12층에 살았다. 당시는 아파트 전체를 통틀어 자가용이 있는 집이 겨우 몇 집뿐이던 시절이었다. 우리 집에는 자가용이 없었는데,(사실 운전면허도 없었다) 큰아이가 종종 12층에서 밖을 내려다보며 "아빠, 우리 차는 어딨어?"라고 묻곤 했다. 내가 짐짓 너스레를 떨며 "아빠 차는 손만 들면 서!" 하고 대답하면 딸아이는 내가 무얼 말하는지 안다는 듯 사뭇 진지한 어조로 "그거 말고 우리 차!"라고 외치곤 했다. 그러다 보니 미국에서 주재원을 마치고 돌아올 때는 값싼 중고차라도 살 수 있었으면 하는 바람이 있었다. 그런데 로스앤젤레스에 도착하니 마땅한 대중교통 수단이 없어 차가 곧 발이었다. 나는 한 달이 채 되지 않는 짧은 기간에 인생 첫 운전면허증을 따고 중고차도 아닌 새 차(당시 우리나라에서는 승용차가 고가였지만, 미국에서는 새 차도 그리 비싸지 않았다)를 사서 공항에서 가족을 픽업했다. 지금 돌아보면 이 거대하고 낯선 땅에 처음 발을 내딛는 내 가족을 내 차에 싣고 오겠다는 30대 가장의 패기 어린 마음이었던 것 같다.

로스앤젤레스에서 주재원 생활을 마치던 1986년 5월 말, 현충일 연휴를 이용해 캐나디안 로키 쪽으로 3박 4일 여행 계획을 짰다. 로스앤젤레스에서 캘거리Calgary까지 비행기로 이동해 캘거리에서 렌터카를 빌려 밴프와 제스퍼를 여행하는 코스였다. 밴프에서 재스퍼로 갔다가 되돌아오는 길목에 레이크루이스가 있다. 그곳에 도착한 우리 가족은 작은 모텔에 자리를 잡았다. 저녁을 먹고 나서 아내와 맥주를 한잔하기로 하고 동네 마트에 사러 갔는데 맥주가 없었다. 그날 캐나다에서 주류를 별도의 라이선스를 가진 상점에서만 판다는 사실을 몸소 경험했다. 맥주 한 잔이 간절한데, 맥주를 한 모금 마시려면 차로 1시간을 달려 밴프까지 가야 한다고 했다. 우리의 난처한 표정을 본 동네 마트의 점원이 저 앞 주유소 옆 카페테리아에 가보라고 했다. 그가 말한 주유소로 들어서는데 큰아이가 갑자기 소리쳤다.

"아빠, 태극기!"

1986년은 한국 사람들이 캐나디안 로키에 여행 오던 시절이 아니었다. 한국인은 말할 것도 없고, 당시 해외여행을 꽤 다니던 일본인도 이곳을 아는 사람도 몇 없을 때였지 싶다. 그런데 레이크 루이스의 작은 주유소에 태극기가 걸려 있다니! 미국 국기인 성조기, 캐나다 국기, 앨버타주 주기 그리고 태극기 이렇게 깃발 4개가 휘날리고 있었다. 이국땅 후미진 마을에서 내 나라 국기를 보니 반갑고 감격스러웠다.

점원이 가보라고 일러준 카페테리아는 이미 영업시간이 끝나 있었다. 문을 열고 안을 들여다보니 한 동양인이 테이블을 닦고 있었다. 한국인이었다. 우리가 주재원 생활을 마치고 한국으로 돌아간다는 얘기를 듣고 주인은 한국에 돌아가 스시 조리사 자격증을 따서 이곳으로 돌아오라고 권했다. 자신이 카페테리아에 스시 바를 만들 계획인데, 자격증을 따서 이곳에서 1년 동안 일한 뒤 자리 잡으면 밴프에 가서 스시집을 차리라는 꽤 구체적인 제안이었다. 캐나다에 일본 여행객이 슬슬 오고 있고, 동양 음식을 찾는 현지인 손님도 늘고 있어 전망이 밝다고 했다. 무엇보다 캐나다가 아이들을 키우기에 이상적인 곳이라고 덧붙였다.

그후 1990년대 중반부터 소위 '강남 사모님'들이 캐나디안 로키로 여행을 떠나기 시작했다. 나중에 듣기로 그날 우리에게 호의를 베푼 분은 당시 캐나다 서부에서 가장 성공한 교민(그분의 이름은 여상목이다)이라고 했다. 당시에도 캘거리와 에드먼턴에서 주유소를, 레이크루이스에서 주유소와 모텔, 식당을 운영하고 있었다. 아직도 지금은 어찌 사시는지 문득문득 궁금해진다. 1980년대 중반에 이미 캐나다에 자리를 잡고, 심지어 자신의 주유소에 태극기를 걸어 놓았던 그분을 생각하면 여전히 흐뭇한 미소가 지어진다. 그때는 웃어넘겼지만 그분의 말을 따랐다면 내 인생이 또 어떻게 바뀌었을지 모를 일이다.

밴프에는
50개의 스위스가 있다

'한 곳에 50개의 스위스가.' 한때 밴프 국립공원Banff National Park의 광고 문구였다. 밴프Banff에 가보면 왜 이런 문구가 나왔는지 여실히 알 수 있다. 밴프는 사계절 내내 아름답다. 그래서 1년 내내 사람이 많은데, 늦여름에서 가을까지는 그나마 한산해 진면목을 여유롭게 즐길 수 있다.

밴프에서 재스퍼Jasper까지는 넓게 보면 5개의 국립공원이 펼쳐져 있다. 밴프, 쿠트네이, 글레이셔, 요호, 재스퍼의 국립공원이 어디서 시작되고 끝나는지 분간하기 어려울 정도로 어깨를 맞대고 이어져 있다. 달리 말하면 탄성을 자아내는 장엄한 풍경이 끝도 없이 펼쳐진다는 뜻이다. 93 하이웨이Highway 93의 아이스필드 파크웨이Icefields Parkway 구간을 달리며 재스퍼로 가는 길목의 레이크루이스를 만나고 빙하 위를 걷는 경험은 더없이 특별하다.

ROUTE 3 • Alaska Highway & Canadian Rockies

곤돌라를 타고 올라가면 온천이 있다.

다시, 서쪽으로 가다

제스퍼로 가는 길목에 만나는 레이크루이스.
물빛이 환상이다.

고향을 그리워하는 마음,
사인 포스트 포레스트

알래스카 하이웨이는 1942년 일본을 공략하기 위한 병참 도로로 만들어졌지만 1948년부터 일반에게 공개됐고, 그 뒤 공사를 거듭하면서 안전한 포장도로로 완공됐다. 알래스카 하이웨이의 시작점(마일 제로)은 도슨크리크이고, 종착점은 본래 톡이었다. 이후 도로가 연장돼 현재 델타정션Delta Junction이 알래스카 하이웨이의 종착점이 되었다. 이곳은 7월부터 9월까지, 여름이 그나마 날씨와 도로 사정이 가장 좋다. 겨울에 가면 엄청난 눈 폭풍을 맞을 수도 있다.

톡Tok이라는 지명은 도쿄Tokyo에서 왔다. 미군 공병대가 도로를 놓으며 목표 지점을 도쿄라고 생각하고 가자는 뜻에서 톡이라고 붙였다 한다. 캐나다에서 길을 뚫어 브리티시컬럼비아주, 유콘 준주에 이르는 도로. 유콘 준주에 진입해 처음 만나는 마을은 왓슨레이크Watson Lake다. 군인들은 그곳에 진을 치고 도로공사를 이어갔다. 이곳의 볼거리는 사인 포스트 포레스트Sign Post Forest다. 1942년 알래스카 하이웨이 공사에 참여한 한 병사가 고향을 그리며 자신의 고향에서 2835마일(4562킬로미터) 떨어져 있다는 표지판을 세웠는데, 이를 본 다른 병사들도 따라 하게 되었다고 한다. 그 후 이 마을을 지나는 세계 각국의 여행자들도 표지판을 붙여 9만여 개에 이른다고 하니 동서양을 막론하고 집에서 멀리 떠나 여행을 하면 고향 생각이 나는 건 인지상정인가 보다. 그곳에 서서 서울까지 거리가 얼마나 되는지 궁금해 찾아보니 7167킬로미터에 이른다. 아득히 먼 거리. 나는 달지 않았지만 어딘가에 한국까지 거리를 표기한 푯말도 있으리라 짐작한다.

ROUTE 3 • Alaska Highway & Canadian Rockies

고향을 그리워하는 마음을 담은
사인 포스트 포레스트.

다시, 서쪽으로 가다

배추김치가 있는
뉴 도쿄 스시

    2019년 여행 당시, 노년의 네 남자는 알래스카 하이웨이 시발점인 도슨크리크Dawson Creek에 들렀다. 그곳에서 점심으로 무엇을 먹을까 상의하다가 '뉴 도쿄 스시New Tokyo Sushi'라는 이름을 발견했다. 간판에는 '도쿄'라는 지명이 붙어 있는데, 메뉴에 김치찌개부터 제육볶음에 LA갈비까지 한식이 있었다. 얼큰한 국물이 그립던 차라 저녁때가 한참 남은 때에 찾아갔더니 역시나 한국 분이 하는 식당이었다.

    주인 남자는 한국의 한 상사商社 주재원으로 아프리카 어느 지역에서 근무했는데, 한 해 여름 처제가 학교를 다니던 곳으로 휴가를 왔다. 바로 이 동네. 남자는 이곳에 반해 이민을 왔고, 식당을 차렸다. 우리 일행 중 3명이 상사 출신이라 반가운 마음에 긴 사연을 나누었다. 현재 세 곳에 뉴 도쿄 스시를 운영한다는 말에 우리 일행은 모두 제 일처럼 뿌듯해했다. 음식도 맛있고, 특히 한국에서 먹던 배추김치가 반찬으로 나와 반갑고 놀라웠다. 시애틀이나 밴쿠버에서 한국 배추를 사 왔느냐고 물으니 장모님이 손수 배추 농사를 짓는다고 했다. 이 글은 읽는 독자는 영화 <미나리>에서 윤여정이 연기한 장모가 시냇가에 미나리 씨를 뿌리던 장면이 떠올릴 수도 있겠다. 이국에서 한국 사람을 만나면 마음이 절로 애틋하고 훈훈해진다.

브리티시컬럼비아주를
떠나며

뉴멕시코부터 브리티시컬럼비아 끝까지 직선거리로 총 3000마일(4800킬로미터)이나 뻗어 있는 로키산맥을 달렸다. 브리티시컬럼비아주에서 보내는 마지막 밤은 먼초 호숫가의 노던 로키스 로지Northern Rockies Lodge에 묵으며 가까이에 있는 리아드 리버 온천 Liard River Hot Springs에서 여독을 풀면 좋을 듯하다. 로지 내 식당에서 저녁을 먹고 나서 고요한 호숫가를 거닐며 잠깐의 여유도 누려보라. 다음 날이면 브리티시컬럼비아주를 떠나 캐나다 북서부에 위치한 유콘 준주로 이동하니 말이다.

2019년 친구들과 함께한 여행에서는 포트넬슨Fort Nelson을 떠나 먼초레이크Muncho Lake에서 점심을 먹고 왓슨레이크에서 묵을 계획이었다. 북부 로키 지역에 들어서니 비가 추적추적 내려 조심스럽게 운전해 나갔다. 지도에 나타나 있지 않은 작은 마을로 접어드니 주유소가 보였다. 무조건 주유소로 들어섰다. 아직 연료통에 기름이 반이나 남았지만, 다음 주유소를 언제 만날지 모르므로 만약을 위해 연료를 가득 채웠다. 내가 기름을 넣는 동안 계산하려고 편의점에 들어간 일행 둘이 커피를 손에 들고 돌아왔다. 두 친구가 대화하는 소리를 들은 계산대의 아주머니가 한국 분이냐고 묻기에 그렇다고 했더니 반가워하며 커피값을 받지 않았다고 한다. 민가마저 드문 이런 벽지까지 와서 주유소를 운영하고 있다니, 한편으로 안타깝고 외로움을 이겨내는 용기가 가상했다. 아마도 그 마을에서 유일한 한국 사람이지 않을까 싶었다.

눈 덕분에 발견한 그림 같은 마을,
스캐그웨이

  30여 년 전부터 나의 버킷 리스트를 채웠던 알래스카 하이웨이 여행 계획을 세우며 가장 염두에 둔 것은 안전이었다. 각종 자료를 검토한 결과 겨우내 얼었던 도로가 6월 중순이면 풀려 통행이 가능하지만 싱크홀 등이 있을 수 있어 도로 정비 공사가 끝나는 7월 중순 이후에 가는 편이 안전하다는 의견이 주를 이뤘다. 그래서 우리는 아예 8월 중순으로 일정을 잡았다. 그런데 2019년 8월 중순, 포트넬슨에서 출발해 먼초레이크를 거쳐 왓슨레이크까지 가는 동안 줄곧 보슬비가 내렸다. 우리는 차에서 내릴 엄두를 내지 못하고 차창으로 먼초레이크를 구경하며 왓슨레이크까지 달렸다.

  그날 밤 허름한 식당에서 저녁을 먹는데 트럭 기사들이 큰 목소리로 나누는 대화가 들렸다. "오늘 밤에 눈이 온다니 단단히 준비해야겠어." 8월 20일이 되어가는데 눈이라니! 잠자리에 들 때까지는 눈이 아니었지만 밤이 깊어지면서 비가 눈으로 바뀔까 걱정되어 잠을 설쳤다. 새벽 2~3시에 잠깐 일어나 밖을 내다보니 눈이 내리고 있었다. 큰일이구나 싶어 속을 태우다 스르르 잠이 들었는데, 새벽 5시가 안 되어 다시 눈이 떠졌다. 창밖을 보니 다행히 눈은 그쳤는데, 밤사이 눈이 1센티미터 가량 쌓인 모양이었다. 새벽 6시. 눈 때문에 도로 사정이 여의치 않을까 걱정되어 아침은 다음 마을에 가서 먹기로 하고, 옆방의 일행을 깨워 서둘러 그곳을 떠났다. 그 마을의 호텔과 식당은 주로 장거리 트럭 운전사들을 상대하는 곳이라 오전 8시 이후 식당을 열기 때문에 아침을 먹으려고 2시간을 기다리는 것은 효율적인 선택이 아니지 싶었다. 컵라면이 있었으면 참 좋으련만. 아쉬웠다. (내가 비상 식량을 강조한 이유다!) 채비를 재촉했다. 서둘러 10여 분을 달리니 눈은 흔적도 없이 사라졌다. 덧붙이자면 한여름에 예상하지 못한 눈을 만났지만, 출발하기 전 우려한 안전 문제는 여행이 끝날 무렵까지 생기지 않았다. 비록 편도 1차선이지만 도로폭이 넓고, 오가는 차들도 거의 없었으며, 지루할 것이라 예상했는데 의외로 큰 즐거움이 있었다.

계획에 없던 스캐그웨이Skagway에 들른 일도 즐거움을 키우는 데 한몫했다. 눈 소동으로 서둘러 출발한 우리는 시간이 많이 남은 터라 반나절을 할애해 스캐그웨이에 들렀다. 알래스카 여행을 준비하며 훑어보았던 몇 권의 책에서 스캐그웨이라는 이름을 본 기억이 났다. 스캐그웨이는 원주민어로 '북풍이 몰아치는 마을'이라는 뜻이다. 알래스카를 항해하는 수많은 크루즈가 꼭 정박하는 도시라는 설명을 읽으며 염두에 두고 있었다. "스캐그웨이에 가서 점심을 먹자." "작은 옛날 마을이 얼마나 예쁜지 가보자." 우리의 즉흥적인 결정은 이 여정을 한결 풍요롭게 만든 신의 한 수였다.

가는 길목도 무척 아름다웠다. 왼쪽으로 산과 호수처럼 짙고 푸른 물이 이어졌다. 건너편 산 아래쪽으로는 기찻길이 보였다. 한마디로 그림 같았다. 알래스카 하이웨이는 마치 끝나지 않을 듯 전나무 숲이 이어지고, 군데군데 사시나무 몇 그루와 낙뢰에 불타버린 검은 숲이 나타난다. 버펄로나 무스, 곰이 나타나기도 하지만, 며칠 보고 익숙해지니 '이게 전부'라는 생각까지 들던 참이라 그 광경이 더욱 값지게 다가왔다. 마침내 도착한 스캐그웨이. 눈을 피해 국경을 통과하고 만난 작은 마을은 보물 같았다. 작은 갤러리, 음식점, 선물 가게, 부티크 숍이 있었다. 골드러시 시절 금을 잔뜩 싣고 오가던 클론다이크Klondike 기차도 오늘날에는 관광상품이 되었다. 영연방이던 이곳에 지금은 고인이 된 엘리자베스 2세 여왕이 순방 와서 기차를 탄 모습을 담은 기념사진도 걸려 있었다.

가운데 빌딩처럼 우뚝한 것은 스캐그웨이에 정박한 알래스카 크루즈.

화이트호스와
그 주변

유콘 준주의 드넓은 땅에 사는 인구는 고작 4만여 명이다. 인구가 워낙 작아 주州라고 하지 않고 준주準州라고 부른다. 4만 명 안팎인 유콘 준주 전체 인구 중 2만8000여 명이 살고 있는 화이트호스Whitehorse는 유콘 준주의 교통, 경제, 문화 등 모든 것의 중심지다. 우리나라 남한 면적의 4배를 훌쩍 넘는 땅에 고작 4만여 명이 사는 땅 유콘은 광활하고 인간의 발길이 닿지 않은 광야일 거라고 생각했다. 끝없이 펼쳐지는 광대한 숲과 불모의 툰드라. 그러나 넓은 땅에 비해 사는 사람이 적을 뿐 그곳 역시 사람 사는 곳이었다.

화이트호스를 중심으로 주변에 가볼 만한 곳도 많다. 시간에 여유가 있다면 19세기 말 금광이 발견되며 3만여 명의 인구로 북적이던(현재 이곳의 인구는 1300여 명이다) 도슨시티Dawson City에 1박 2일 정도 다녀올 만하다. 앞서 말한 알래스카 주변 해역을 항해하는 크루즈가 꼭 머무는 스캐그웨이도 당일 코스로 알맞다. 스캐그웨이는 오가는 길에 눈에 들어오는 경치도 황홀하고, 길가에 귀여운 새끼 곰들이 뒤뚱거리며 서둘러 도망가는 모습을 보는 것도 즐겁다. 또 화이트호스에서 톡으로 가는 길에 있는 클루아니 국립공원Kluane National Park도 인상적이다. 엄청난 빙하가 있음에도 주로 7월에서 9월 사이에 방문하는 연 3만 명 정도의 방문객이 전부인 조용한 곳이다. 이곳은 캐나다에서 가장 높은 산인 로건산Mount Logan(5959미터)을 품고 있다. 헬기 투어로 클루아니 국립공원의 깊은 속살을 볼 수 있지만 우리는 자동차로 헤인스정션Haines Junction에서 가까운 캐슬린 호수Kathleen Lake에 들러 호숫가를 30여 분 산책하는 것으로 만족했다. 우리 차 외에 차는 단 한 대뿐. 호젓하기 이를 데 없었다. 이 호수에 민물 연어인 코카니 연어가 살고 있다. 언젠가 TV에서 본 <걸어서 세계속으로>라는 여행 프로그램에 코카니 연어가 등장한 기억이 났다. 헬리콥터를 타면 북미에서 제일 큰 빙원도 볼 수 있다는데, 그건 TV에서 본 것으로 만족하기로 했다.

무엇보다 이곳은 오로라를 볼 수 있는 곳으로 9월 중순부터 오로라 관광상품이 나온다. 오로라를 보려면 화이트호스에서 3일은 머물러야 한다. 오로라가 못해도 3일에 한 번은 펼쳐지기 때문이다. 3일을 머물며 하루는 그곳을 누리고, 하루는 헬리콥터 투어에 나서고, 또 하루는 스캐그웨이에 다녀온다. (이런 일정의 3일짜리 관광상품이 있다.) 그리고 밤마다 온천을 하며 오로라를 기다린다. 거기까지 가서 오로라가 없는 이틀 밤을 보내고 돌아오면 너무 억울하니 무조건 최소 3일은 잡아야 한다.

모터사이클
청년들

화이트호스에서 우리가 묵은 통나무집 인근에는 식당이 없었다. 그래서 차로 1시간여 떨어진 헤인스정션의 작은 식당에서 아침을 먹고 나오던 길이었다. 기분 좋은 포만감을 느끼며 한숨 돌리고 있는데, 중남미 사람으로 보이는 젊은 청년 4명이 BMW 모터사이클에 올라타 있었다. 나는 모터사이클을 타지 않지만, 호기심이 발동해 어디서 왔느냐고 물었더니 그들은 멕시코에서 왔다고 대답했다. '아니, 시애틀에서 여기까지 자동차로 오는 데도 꽤 힘들고 지치는데, 이 청년들은 몇만 킬로미터를 바람과 온전히 맞서며 이 추운 알래스카까지 달려오다니!' 우리는 바이크 하면 할리데이비슨을 떠올리는데 그들은 모두 BMW 모터사이클을 타고 있었다. 왜 BMW냐고 물으니 장거리 바이크 여행에는 BMW가 최고라고 했다. 우리도 넷, 그들도 넷이었다. 그들의 젊음이 부러웠다. 나는 엄지손가락을 치켜들며 그들의 패기에 진심으로 경의를 표했다. 유콘은 대도시에서 워낙 멀리 떨어져 있어 관광지 특유의 자극적인 즐거움이 없는 덕분에 원시의 자연이 온전히 남아 있다는 생각이 들었다. 이곳은 앞으로도 영원히 이 모습 그대로 남아 있지 않을까.

클루아니 국립공원은
북미 최대의 빙하가 있는 공원.

Women are
Always Right

      2019년 8월, 헤인스정선의 유명하고 유일한 식당, '빌리지 베이커리Village Bakery'에서 아침을 먹고 캐슬린 호수에 들러 톡까지 갔었다. 점심을 먹을 곳이 마땅찮아 애를 먹은 터라 다시 가면 빌리지 베이커리에서 점심으로 먹을 음식을 테이크아웃하기로 마음먹었다. 아침을 먹고 알래스카 하이웨이를 3시간 반 정도 달리면 빛바랜 철교를 건너 이번 일정에서 유콘의 마지막 마을 비버크리크 Beaver Creek에 이른다. 인구가 100명도 채 되지 않는 마을이지만 고속도로 휴게소거니 생각하고 그곳에서 아침에 준비한 도시락을 먹으며 한숨 쉬어 간다.

      비버크리크에 '1202 모터 인1202 Motor Inn'이 있다. 이름처럼 모텔이자 뜻밖에 레스토랑과 선물 가게를 만날 수 있는 곳이다. 우리는 그 건물에 들러 커피를 마셨다. 떠날 채비를 하며 화장실에 들른 일행, 남자 넷은 화장실 표지 앞에서 한바탕 웃었다.

      'Men to the Left.' because,

      'Women are Always Right.'

      "이들이라고 별수 있겠어." "어딜 가나 남자들은 그런가 봐." 우리 주변에서도 이런 말을 자주한다. 어릴 때는 어머니의 말씀을, 결혼 후에는 아내의 말을 잘 들어 잘못된 경우가 없다 하지 않는가. 어머니와 아내가 '잔소리'를 하는데 가만히 들어보니 다 맞는 말, 나를 위한 말이었다. 그래서 이 사람 말대로 따르면 잘되겠구나 싶어 그렇게 살았더니 제법 잘 산 것 같다. 남자 넷은 화장실의 혹은 인생의 지침에 고개를 끄덕이며 30분을 달려 국경을 넘어 알래스카로 들어갔다.

디날리 국립공원과
산악인 고상돈

알래스카의 8개 국립공원 중 방문객이 가장 많은 곳이 디날리 국립공원 보호지역Denali National Park and Preserve이다. 나머지 공원은 비행기나 배를 타고 가야 하는데, 디날리 국립공원 보호지역은 차로 갈 수 있어 접근성이 뛰어나다. 게다가 디날리 국립공원 보호지역은 미국에서 가장 높은 매킨리산Mount McKinley(6194미터)을 품고 있으며, 고도가 높은 곳은 툰드라와 아한대성 숲이고, 낮은 지역은 자작나무와 사시나무 같은 활엽 교목과 침엽수림으로 덮여 있어 원시 자연을 목격할 수 있다.

겨울에는 스노모빌과 개 썰매를 타고 이동하고, 9월 중순에는 설산 아래 단풍도 일품이라고 한다. 날씨나 공원 사정에 따라 자동차 투어 지역이 제한적이지만, 공원 입구에서 15마일(24킬로미터) 거리인 새비지강Savage River까지는 언제라도 접근할 수 있다. 그 가운데 마일 포스트 9의 퍼스트 뷰 디날리First View Denali, 스토니 힐 오버룩Stony Hill Overlook, 탈키트나Talkeetna는 잠시 멈춰 둘러볼 만하다. 특히 스토니 힐 오버룩에서 바라보는 경치가 압권이다. 눈앞에 펼쳐지는 고산 툰드라 뒤로 우뚝 솟은 북미에서 가장 높은 매킨리산의 설경은 이곳에서만 목도할 수 있으니 부디 놓치지 마시라.

산을 좋아하는 사람이라면 디날리 국립공원 보호지역에서 앵커리지로 가는 도중에 나타나는 탈키트나 마을을 돌아보는 것도 의미 있을 터다. 이곳 산악인 묘지에는 고상돈을 포함한 여러 한국 산악인의 이름이 새겨진 추모비가 있다. 우리나라에는 유명한 산악인이 많다. 히말라야 8000미터급 봉우리 14개에 모두 오른 엄

홍길, 히말라야 고봉 14좌를 완등하고 지구 3극점인 에베레스트와 남극점, 북극점을 등반하는 등 산악 그랜드슬램을 달성했지만 안타깝게 젊은 나이에 세상을 떠난 박영석 등이 있다. 그리고 이 계보에 결코 빠질 수 없는 이름이 고상돈이다. 고상돈은 1977년 한국인 최초로 에베레스트산 정상에 오른 산악인이다. 당시의 시대상과 부족한 경험, 낙후된 장비 등을 생각하면 그야말로 대단한 성과다. 에베레스트 등정에 성공하며 국가적 영웅으로 떠오른 그는 1979년 알래스카 매킨리산 등정에 도전한다. 6194미터의 매킨리산은 등반가들에게는 높은 산이 아니지만 험한 산세 탓에 등반 난도만큼은 히말라야 고봉 14좌에 버금간다고 알려져 있다. 고상돈은 정상까지 올랐지만 안타깝게도 하산 도중 유명을 달리했다. 탈키트나 마을의 산악인 묘지에는 고상돈을 포함한 여러 한국 산악인의 이름이 새겨진 동판이 있다.

산악인 고상돈 추모비.

산악인 고상돈이 올랐던 디날리 국립공원. 자동차로 닿는 곳은 제한적이다. 두어 군데 포인트에서 관망하거나 시간 여유가 있다면 트래킹도 추천한다.

OH'S TRAVEL NOTE
10박 12일

Day 1

ICN(18:05) → SEA(11:00)

12:30   렌터카 인수. 알래스카까지 편도 렌트가 가능한 유일한 렌터카 회사인 고노스, 알래스카 대리점은 공항 안에 있지 않고 외부에 있기 때문에 택시를 타고 이동한다. 최소 7인승 이상의 대형 SUV를 빌리고, 장거리를 운행해야 하므로 차의 상태를 꼼꼼히 살핀다. 여행 도중에 마을이나 쉼터가 거의 없으므로 간식과 음료를 넉넉히 챙긴다.

13:00   **Lynnwood**(30마일/40분) 공항에서 린우드로 이동. 린우드에는 한인이 많이 산다. 한인 마트에서 여행 중 필요한 물품을 구입한다. 길 중간에 마을이 드물기 때문에 생수, 컵라면, 얼음, 스티로폼 아이스박스 등 장거리 여행에 필요한 물품을 충분히 확보한다.

14:30   **Lynnwood → Bellingham, Fairhaven Village Inn**(75마일/1시간 30분) 숙소에 체크인.

16:30   **The Oyster Bar**(20마일/30분) 30분 정도 차를 달려 근처 소도시로 이동한다. 루트 2에서도 소개한 오이스터 바는 워싱턴주의 작은 마을 식당 중 최고로 선정된 맛집이다.

Day 2

07:00   호텔 조식 후 체크아웃.

08:00   **Bellingham → Kelowna**(360k마일/4시간) 호텔에서 나와 4시간을 달려 컬로나에 도착한다. 캐나다 로키산맥을 보고 싶은 사람들은 벨링엄에서 캠루프스Kamloops로 떠나는 것이 보통이지만, 나는 캠루프스 대신 컬로나로 가는 것을 추천한다. 컬로나 주변에는 오카나간 호수가 있는데 여기가 캐나다에서 가장 질 좋은 와인이 생산되는 오카나간 밸리다.

12:30   **Soban Korean Bistro in Kelowna** 한식당에서 점심 식사.

14:00   **Okanagan Lake Drive** 오카나간 호수 인근의 풍경은 더없이 아름답다. 호수를 따라 난 길 중간중간에 있는 여러 상점들을 구경한다. 오카나간 라벤더 앤드 허브 농장Okanagan Lavender & Herb Farm은 일종의 정원인데 어마어마한 규모로 핀 라벤더와 온갖 들꽃을 살펴볼 수 있다. 어번 리큐어 스토어Urban Liquor Store는 이 지역에서 제일 크고 괜찮은 주류 숍이다.

17:00 Best Western Plus Kelowna 숙소에 체크인.

18:00 Tutt Street Tapas + Wine 이 지역에서 가장 훌륭한 스패니시 레스토랑 중 하나. 손님들의 평가가 만점에 가깝다.

Day 3

07:00 호텔 조식 후 체크아웃.

08:00 Kelowna → Golden(345마일/4시간 30분) 6개의 국립공원으로 둘러싸여 있는 작은 마을 골든은 천혜의 자연환경을 자랑한다. '골든'이라는 이름이 붙은 이유가 있는 셈.

12:00 The Island Restaurant 점심을 먹기에 무난한 식당이다.

13:30 Golden → Banff(140마일/1시간 30분) 밴프로 이동.

14:00 Banff Upper Hot Springs 밴프는 온천으로 유명한 도시다. 특히 밴프 어퍼 핫 스프링스는 멋진 풍경을 감상하며 온천을 즐길 수 있는 명소다. 이 천연 온천의 온천수는 최대 47°C 정도로 목욕 문화에 익숙한 한국인에게 적격이므로 이 온천에서 여행의 피로를 푼다.

15:00 Banff Park Lodge or Best Western Plus Siding 29 Lodge 인근의 밴프 파크 로지 혹은 베스트웨스턴 플러스 사이딩 29 로지 두 호텔 중 마음에 드는 곳에서 숙박한다.

15:30 Minnewanka Loop 15마일 길이의 썩 괜찮은 드라이브 코스다.

16:30 Banff Gondola, Bow Falls, Vermilion Lakes Road 밴프 여행에서 필수로 꼽히는 밴프 곤돌라는 꼭 타보기를. 밴프의 설퍼산Sulphur Mountain 최정상까지 올라가는 유일한 곤돌라로, 아래를 내려다보면 밴프 시내와 로키산맥이 어우러진 근사한 풍경을 한눈에 담을 수 있다. 전망대에는 먹거리나 편의시설도 갖춰져 있다. 시간이 남는다면 보 폴스 트레킹 코스도 걸어본다.

18:30 Seoul Country Korean Restaurant 저녁 식사.

Day 4

07:00 호텔 조식 후 체크아웃.

08:00 Banff → Lake Louise(64킬로미터/40분) 레이크루이스는 주차하기가 어려워 오전 9시 이전에 도착해야 하므로 가급적 빨리 길을 나서자.

08:40　**Lake Louise → Lake Shore → Rockpile** 밴프에서 차로 40분 거리에 있는 레이크루이스는 작은 마을이지만 늘 관광객으로 북적인다. 매혹적인 풍경과 다양한 즐길 거리, 친절한 사람들이 있어 늘 기분 좋은 기억을 남기는 곳이다. 겨울에는 스키를 타려는 사람들이 북새통을 이루고, 여름에는 하이킹과 암벽등반을 즐기는 사람들이 몰려든다. 호수를 따라 가는 트레일과 하이킹 루트가 많지만 비교적 길이 평탄한 록파일로 향하는 루트를 추천한다. 1시간 정도면 돌아볼 수 있다.

11:00　**Whitehorn Bistro** 점심은 이곳에서 먹거나 테이크아웃해서 호숫가 벤치에 앉아 절경을 바라보며 식사해도 좋다.

12:30　**Lake Louise → Columbia Icefield Adventure → Jasper**(230킬로미터/3~4시간) 다시 북쪽으로, 목적지는 재스퍼다. 가는 길에 컬럼비아 아이스필드 어드벤처가 있다. 얼음과 눈이 끝없이 펼쳐진 빙원이 압도적인 풍광을 이루고 있는 곳이다. 다만 이곳은 보호구역이라 일반 차량은 진입하기 힘들고, 빙원 인근에 얼음길 위로 다니는 관광 차량이 있다. 1시간 정도 투자해 이 빙원 위를 달려보는 것도 색다른 즐거움을 선사한다.

16:30　**Whistler Inn** 숙소에 체크인.

18:00　**Alba Restaurante Español or Smitty's Family Restaurants** 저녁은 이 두 곳 중 한 곳에서.

Day 5

07:00　호텔 조식 후 체크아웃.

08:00　**Jasper → Grande Prairie**(400킬로미터/4시간 30분) 거리를 나타내는 단위로 미국은 마일e을 쓰지만 캐나다는 우리처럼 킬로미터킬로미터를 쓴다. 차를 달려 그랑프레리로 떠나자.

12:30　**Monica's Family Restaurant** 점심 식사.

14:00　**Grande Prairie → Dawson Creek**(130킬로미터/1시간 30분) 1시간여를 달리면 도슨크리크라는 작은 마을이 나온다. 알래스카 하이웨이 뮤지엄에서 이 길고 긴 도로를 만들게 된 과정을 살펴볼 수 있다.

15:30　**Stonebridge Hotel** 체크인 후 시내 투어.

18:00　**New Tokyo Sushi Dawson Creek** 도슨크리크 시내를 대충 둘러보고 한식당에서 저녁을 먹는다. 이름은 '뉴 도쿄 스시'지만 한국인이 운영하는 한식당이다. 이런 외딴 곳에 한식당이 있다는 사실이 신기할 정도다.

Day 6

07:00	호텔 조식 후 체크아웃.
08:00	**Dawson Creek → Fort Nelson**(450킬로미터/4시간 30분)
12:30	**New Tokyo Sushi Fort Nelson** 점심. 어제 저녁을 먹었던 뉴 도쿄 스시의 분점이 포트넬슨에도 있다.
15:30	**Northern Rockies Lodge** 숙소. 포트넬슨을 떠나면서부터 그야말로 장엄하고 아름다운 로키산맥 끝자락을 지나게 된다.
16:00	**Liard River Hot Springs** 시간 여유가 있으면 숙소에서 차로 30분 정도 떨어진 리아드 리버 온천으로 가서 여독을 풀자.
18:30	**Northern Rockies Lodge Restaurant** 숙소 내 레스토랑에서 간단히 저녁을 먹고 호텔 옆에 있는 문초 호수 인근을 산책하며 로키산맥 북부의 진수를 느껴보자. 문초 호수는 오묘한 에메랄드빛을 띠는 아름다운 호수다. 산양이 있다는데 사람을 좋아하지 않아 마주치기는 쉽지 않다.

Day 7

07:00	호텔 조식 및 체크아웃.
08:00	**Muncho Lake → Watson Lake**(274킬로미터/3시간) 왓슨레이크로 이동. 왓슨레이크는 인구가 1000명이 조금 넘는 아주 작은 동네다. 대형 트럭을 모는 운전사들이 스치듯 잠만 자고 이동하는 중간 거점 같은 곳이라고 생각하면 된다.
11:00	**Sign Post Forest** 왓슨레이크 안에는 사인 포스트 포레스트라는 공간이 있다. 알래스카 하이웨이의 가장 유명한 랜드마크 중 하나다.
12:30	**Lauries Bistro & Coffeehouse** 점심. 평범하고 소박한 레스토랑이다.
12:30	**Watson Lake → Whitehorse**(440킬로미터/4시간 30분) 화이트호스까지 가는 길은 이전보다 더 황량하다. 4시간 넘게 달리는 동안 딱히 경험하거나 구경할 만한 것이 없다. 그저 묵묵히 길을 달릴 뿐이다.
17:00	**SKKY Hotel** 숙소에 체크인. 깔끔한 비즈니스호텔이다. 본래 한식당이 있었는데, 현재는 이탤리언 레스토랑만 있다.
17:30	**Takhini Hot Springs** 노천 온천인 타키니 온천은 아주 근사한 곳이다. 2019년에 이곳을 여행했는데 아직도 기억에 남는다. 최근 리노베이션도 했다.

19:00 **SKKY Hotel Restaurant** 멀리 나가지 않고 호텔 내 이탤리언 레스토랑에서 저녁 식사를 하는 것이 합리적이다.

Day 8

07:00 호텔 체크아웃.

07:30 **Baked Cafe & Bakery** 스키 호텔에서는 조식을 제공하지 않는다. 인근에 있는 이곳만 오전 7시에 문을 여니 아침은 꼭 여기서.

08:30 **Whitehorse**(1시간) 화이트호스 둘러보기. 마을 내에 아기자기한 상점이 꽤 있다. 청정한 유콘강도 둘러본다.

09:30 **Whitehorse → Skagway**(175킬로미터/2시간 30분) 화이트호스에서 스캐그웨이로 향하는 도중에 국경도 통과한다. 스캐그웨이는 골드러시가 가라앉으면서 도시도 함께 쇠락했지만 현재는 관광도시로 새로 태어났다.

12:00 **Skagway Fish Co.** 점심은 여기서. 나쁘지 않다.

13:30 **Skagway → Haines, by Ferry**(1시간) **→ Kluane NP**(30분) 스캐그웨이에서 페리를 타고 헤인스로 간다. 차를 페리에 싣고 떠나며 보는 풍경이 기가 막힌다. 문제는 페리의 시간표를 정확히 알 수 없다는 것. 페리 탑승은 운에 맡긴다. 현지에서 직접 시간표를 봐야 하는데 여차하면 꽤 오래 기다릴 수도 있다. 페리를 못 타면 스캐그웨이에서 클루아니 국립공원으로 가거나 헤인스정션까지 육로로 이동하고 (320킬로미터/4시간) 다음 날 아침을 먹은 후 클루아니 국립공원으로 가도 된다.

17:15 **Kluane NP** 클루아니 국립공원은 어마어마한 규모의 빙하로 둘러싸인 얼음 왕국이다. 빙하가 끝없이 이어진 장관은 산이나 강을 보는 것과는 느낌이 확연히 다르다. 헤인스정션 공항에 가면 이 빙하를 하늘에서 볼 수 있는 항공 프로그램도 있다. 예약 필수.

18:00 **Raven's Rest Inn in Haines Junction**(64마일/45분) 숙소에 체크인. 저녁은 호텔 안에서 먹어도 되고 인근에 있는 러키 드래건Lucky Dragon이라는 중국 식당도 썩 괜찮다.

Day 9

07:00 **Village Bakery** 호텔에서 조식을 제공하지 않으므로 체크아웃 후 인근 빌리지 베이커리라는 곳에서 아침을 먹고 꼭 점심 거리를 사서 출발한다.

08:00　Haines Junction → Tok(467킬로미터/5시간) 톡으로 떠난다. 5시간 정도 걸리지만 가는 길에 펼쳐지는 광활한 대지와 압도적인 풍경이 길벗이 되어줄 것이다. 비버크리크 마을에서 쉬면서 아침에 준비한 도시락을 점심으로 먹는다.

14:00　Tok → Fairbanks(199마일/3시간) 페어뱅크스로 떠난다. 알래스카 하이웨이가 끝나는 델타정션에서 사진이라도 한 장 찍으며 기록을 남기자. 그런데 절대 톡에서 숙소를 잡으면 안 된다. 지난 여행길에 그곳 숙소에서 자보니 트러커들이 묵어 가는 곳이라 그런지 상태가 썩 좋지 않았다.

17:00　**Best Western Plus Chena River Lodge** 숙소에 체크인.

18:00　**Jung's Korean Restaurant** 한식당에서 저녁을 먹는다.

Day 10

07:00　호텔 조식 후 체크아웃.

08:00　**Fairbanks → Denali NP**(123킬로미터/2시간) 페어뱅크스에서 디날리 국립공원 보호지역까지 약 2시간이 걸린다. 미국 본토에서는 이 산을 매킨리라고 부르지만, 알래스카 사람들은 원주민이 부르던 이름 그대로 디날리라고 부른다. 해발 6194미터의 디날리산은 엄청난 빙하와 살인적인 강풍 때문에 등반 난도가 최고 수준으로 알려져 있다. 우리나라 산악인 고상돈이 비극적인 죽음을 맞은 곳. 등반의 시작점인 탈키트나 지역에는 고상돈 대장과 대원들을 포함한 한국인 7명의 이름이 새겨진 추모비가 있다.

12:30　**Prospectors Pizzeria & Alehouse** 점심. 에일 맥주가 훌륭하다.

14:00　**Denali → Anchorage**(240킬로미터/4시간) 이제 앵커리지로. 앵커리지에서 렌터카를 반납해야 하지만 오후 4시까지만 영업하기 때문에 어차피 다음 날 차를 반납해야 하므로 서두를 필요 없다.

18:00　**Courtyard by Marriott Anchorage Airport** 숙소. 꽤 안락한 호텔이다.

18:30　저녁은 고향옥 또는 진미옥에서. 진미옥은 승무원들의 단골집이다.

Day 11

08:00　호텔 조식 후 체크아웃. 호텔에서 차를 타고 공항으로 향한다.

09:00　앵커리지 국제공항 근처에서 렌터카를 반납하고 비행기를 타고 시애틀로 이동한다.

ANC(10:00) → SEA(16:54)

18:00   Double Tree Inn 공항 내 더블트리 호텔에 체크인한 뒤 묵는다.

Day 12

07:30   호텔 조식 후 체크아웃.

SEA(12:30) → ICN(+1일)

OH'S TRAVEL TIP

오카나간 밸리 와인

북미에서 가장 저평가되고 덜 알려진 와인 산지가 캐나다 밴쿠버와 같은 주의 오카나간 밸리 와인이 아닐까 싶다. 캐나다 전역에서 가장 좋은 와인이 나오는 곳이 바로 오카나간 밸리다. 이 동네 과일도 엄청 맛있다. 오카나간 밸리의 중심 도시는 컬로나다. 컬로나 옆 오카나간 호수 주변에 무려 200여 곳의 와이너리가 있다. 알래스카로 갈 때 이곳에 꼭 들러 와인 쇼핑을 해야 한다. 그곳을 지나면 와인 숍이 없다.

오카나간 밸리는 위도는 높지만 연간 300일 이상 햇살이 내리쬐며 나파밸리보다 일조시간이 2시간이나 길다. 위도 49도로 독일의 모젤 지방, 프랑스의 알자스 지방과 비슷한 차가운 날씨에 잘 맞는 품종과 더불어 레드와인으로는 카베르네 소비뇽과 피노 누아, 화이트 와인으로는 피노 그리, 리슬링, 게뷔르츠트라미너, 소비뇽 블랑이 생산된다. 캐나다 와인 하면 떠오르는 아이스 와인은 사우전드아일랜드 지역에서 나는 것이 유명한데(기내 면세품의 단골 품목이다), 오카나간 밸리에서도 아이스 와인을 생산한다.

이곳의 와인은 값이 비교적 싸면서도 훌륭한데, 지역 자체의 소비량이 많아 외지에 잘 알려져 있지 않다. 멀리 와도 국경에서 가까운 워싱턴주나 몬태나 주 정도까지 유통된다. 대표 와이너리로 미션힐Mission Hill, 스피어헤드 와이너리Spearhead Winery, 서머힐Summerhill, 퀘일스게이트Quails' Gate, 페인티드록Painted Rock이 있다.

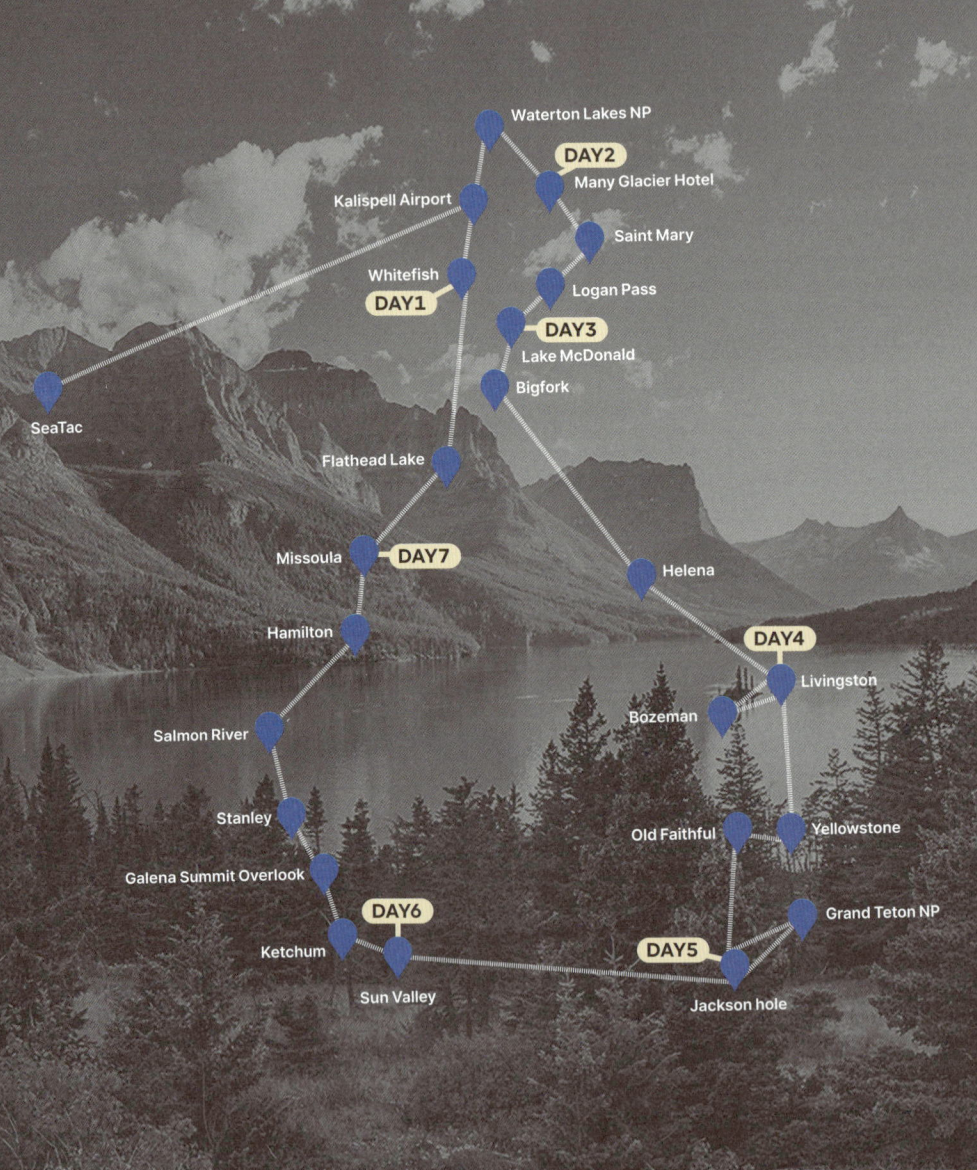

Kalispell & Glacier

휴양지를 즐기듯
느긋하게

ROUTE 4

봄가을은 여름 성수기와 비수기 사이의 시간이다. 미국 사람들은 이 시기를 숄더 시즌shoulder season이라고 부른다. 관광지 특성상 여름이나 겨울에 몰리는 특정 목적지를 가기에 적절한 시기다. 사람이 덜 붐비고 입장료나 숙박비 등이 저렴해 우리처럼 타지 사람들이 여행 계획을 잡기에는 적기다.

이번 여정은 시애틀·터코마 국제공항에서 국내선으로 환승해 캘리스펠에 도착하며 시작된다. 몬태나주 북쪽에 위치한 캘리스펠은 글레이셔 국립공원으로 가는 관문 같은 도시다. 또 캘리스펠 동쪽에 있는 플랫헤드 호수 주변은 과수원과 와이너리 등이 있는 휴양지로 더할 나위 없이 훌륭하다. 이 여정에서는 캘리스펠에서 출발해 워싱턴주는 빼고 몬태나주, 와이오밍주, 아이다호주를 돌아본다. 루트 1과 일부 일정이 겹치지만 다양한 장소를 여유롭고 깊이 있게 여행한다는 점이 다르다. 선밸리, 미줄라, 해밀턴 같은 저마다 특색 있는 마을들을 속속들이 들여다본다.

이것은
우리의 일입니다

　　　　　　　　1984년 첫 장거리 여행을 계획하며 꼭 가볼 곳으로 옐로스톤 국립공원과 러시모어산Mount Rushmore을 꼽았다. (러시모어산에는 바위산에 미국의 위대한 대통령 4명을 얼굴을 조각한 마운트 러시모어 국가 기념지Mount Rushmore National Memorial가 있다.) 옐로스톤 국립공원 Yellowstone National Park으로 출발하던 날은 9월 하순이었는데, 친구 가족과 각자의 차로 로스앤젤레스에서 솔트레이크시티까지 약 1100킬로미터를 달렸다. 이튿날 아침부터 비가 추적추적 내리더니 솔트레이크시티에서 옐로스톤 국립공원으로 향하는 산길에 접어드니 눈발이 날렸다. 로스앤젤레스에서는 1년 내내 눈이 오는 걸 상상할 수 없기 때문에 당황스럽기도 했고, 여름과 겨울이 동시에 존재할 수 있다는 사실에 놀라며 에어컨을 히터로 바꿔 켜고 신경을 곤두세워 운전했다. 눈이 조금씩 내릴 때는 모두들 눈 구경에 신이 났는데, 시간이 흐르면서 날이 어둡기 전에 숙소에 무사히 도착할 수 있을까 하는 걱정이 밀려왔다. 이미 올드페이스풀Old Faithful에 숙소를 예약해 놓은 터라 마음이 더 급했다. 예상 시간을 훌쩍 넘겨 마침내 숙소에 도착했는데 프런트 앞 모니터에 모든 출입구를 통제한다(All Entrance Closed)는 메시지가 떠 있는 것이 아닌가. 9월 하순에 폭설이라니! 그나마 무사히 숙소에 도착해 천만다행이었다.

　　　　　　　　그런데 문제는 다음 날이었다. 국립공원 내 주요 도로는 다행히 제설 작업이 완료되어 아침나절에 옐로스톤 국립공원 곳곳을 둘러보고 점심을 먹은 뒤 다음 목적지인 와이오밍주 코디로 출발했다.

코디Cody라는 지명은 전설적인 총잡이 버펄로 빌의 본명인 윌리엄 프레더릭 코디William Frederick Cody의 이름에서 유래했다. 19세기 철도 노동자에게 식량을 공급하던 그가 버펄로 4280마리를 죽여 가죽을 벗긴 사건으로 버펄로 빌이라는 별명이 붙었다고 한다.

공원 동쪽 출입구로 들어서는데 관리소 직원이 우리 차를 불러 세웠다. 스노 체인이 있는지 묻는데, 로스앤젤레스에서는 스노 체인이 전혀 필요 없으니 우리가 가지고 있을 리 만무했다. 산길이 얼어서 스노 체인 없이는 절대로 갈 수 없다고 했다. 낭패였다. 스노 체인을 구하기 위해 관리원이 일러준, 차로 30분 거리에 있는 주유소로 찾아갔다. 그런데 같이 간 친구네 차에는 맞는 체인은 있는데 내 차 바퀴에 맞는 것이 없었다. 조금 크거나 작아서 일단 사서 어찌 해보려 했더니 사이즈가 맞지 않는 상품을 팔 수는 없다고 단호하게 거절했다. 오늘 중으로 코디까지 가야 하는 여행객인데 방법이 없겠느냐고 사정을 털어놨더니 사장이 직접 연장을 들고 차 밑으로 들어갔다. 그가 갖은 애를 쓰며 겨우겨우 맞춰 스노 체인을 끼워줬다. 친구는 구입한 스노 체인을 트렁크에 싣고, 나는 스노 체인을 끼운 채로 터덜터덜 달려 출입구로 돌아왔다.

이번에는 관리원이 모든 차에 스노 체인을 끼워야 통행이 가능하다고 했다. 빙판이 나오면 차를 세우고 끼우려던 우리 생각과 달랐지만, 그들의 지침을 따라 친구가 차 밑으로 들어갔다. 몇 분 동안 낑낑대도 도무지 끼워지지 않자 듬직한 관리원 2명이 동참했다. 그들은 귀찮은 기색 없이 차 밑으로 들어갔고, 30여 분간 씨름한 끝에 기어이 스노 체인을 끼웠다. 두 남자의 친절에 감동해 어떤 식으로라도 감사를 전하고 싶어 의사를 표현하니 단호하게 거절한다. "이것이 우리의 일입니다. 고마워할 필요 없어요. 저 산을 넘어가면 동쪽 출입구의 직원이 만약을 위해 출구까지 안내해 줄 겁니다." 그러더니 우리에게 처음 온 거냐 물으며 이곳은 9월 중순 이후에는 언제 눈이 올지 모르니 다음에는 7~8월에 꼭 다시 오라며 정답게 이국의 객을 배웅했다.

고개를 넘어가니 관리원이 언덕까지 올라와 기다리고 있다가 자동차 라이트를 켜고 앞장서서 우리를 출입구까지 안내해 주었다. 우리를 위해 관리소에서 나와 기다리고 있었던 것이다. 마음속에 큰 감동이 일었다. '이 사람들은 해야 할 일을 열심히 하는 것이 당연하다고 여기며 어떤 대가도 바라지 않는구나. 방문객의 안전이 최우선이라고 생각하는구나.' 찾아오는 사람이 드문 국립공원에서 사명감을 가지고 맡은 역할을 다하는 자세, 이것이 미국의 저력이 아닐까 싶었다. 이듬해 8월, 나는 관리원의 당부를 따르듯 가족과 그곳에 갔다.

글레이셔 국립공원을 동쪽에서 서쪽까지 관통하는 고잉투더선로드는 1920년대 건설한 도로다. 지금이었으면 환경 문제로 실현되지 못했을 것이다.

올드페이스풀.

언제라도 아이다호주에 갈 이유는 충분하다

아이다호주는 와이오밍주, 몬태나주와 함께 옐로스톤 국립공원이 걸쳐 있긴 하지만 로키산맥 서쪽 10개 주 중 단독 국립공원이 없는 유일한 주다. 그럼에도 아이다호주는 해마다 수많은 인파가 몰려들 만큼 매력적이다. 여름 밤하늘의 은하수와 별들을 보며 낭만적인 여름밤을 보내고, 아름다운 소투스 국유림Sawtooth National Forest에서 사이클링과 하이킹, 캠핑 등 야외 활동을 즐길 수 있는 곳이다. 산이 톱니처럼 이어져 있어 '소투스'라는 이름이 붙었다.

아이다호주의 선밸리는 국제 다크 스카이 협회International Dark-Sky Association, IDA가 선정한 미국 최고의 별 보기 좋은 곳이자 마크 저커버그, 오프라 윈프리, 워런 버핏, 아널드 슈워제네거, 톰 행크스, 클린트 이스트우드, 데미 무어, 빌 게이츠 등 쟁쟁한 명사들의 별장이 모여 있는 곳이다. 매릴린 먼로가 출연한 영화 <돌아오지 않는 강>의 배경인 새먼강Salmon River도 빠뜨릴 수 없는 명소다. 어떤 이들은 이 아름다운 강에서 한가로이 낚싯대를 드리우거나 유유자적 리버 크루즈를 타며 시간을 보내고, 또 누구는 보트, 카약, 래프팅, 플라이낚시 등을 즐기며 활기 찬 여름을 보내기도 한다.

그런데 매년 7월 둘째 주 주말에는 선밸리를 피하는 것이 상책이다. 7월 둘째 주말에 이름하여 '선밸리 콘퍼런스', 억만장자들의 모임이 열리기 때문이다. 이때가 되면 작은 마을 비행장에 수십 대의 자가용 비행기가 내려앉는다. 워런 버핏, 빌 게이츠, 일론 머스크(우리나라에서는 삼성 이재용 회장이 유일하다) 등이 모여 앞으로의 트렌드를 비롯해 다양한 주제로 자유로이 이야기를 나눈다. 아마도 어떻게 하면 억만장자의 위상을 유지할 수 있는지 등 허심탄회하게 이야기가 오가지 않을까 싶다. 이들이 묵는 숙소 근처에는 수행원과 경호원이 쫙 깔려 일반 관광객이 접근하기 어렵다. 숙소 예약도 쉽지 않고, 거리도 복잡하다.

선밸리의 가을도 아름답다. 미 서부를 대표하는 단풍 관광지 두 곳 중 하나로 콜로라도주의 아스펜 지역과 쌍벽을 이룬다. 콜로라도 아스펜 지역과 아이다호주 소투스 국유림 근처 소투스 시닉 로드Sawtooth Scenic Road, 그중에서도 케첨Ketchum에서 스탠리Stanley까지 60마일(97킬로미터) 구간을 최고로 꼽는다. 새먼강을 즐기는 포인트이기도 한 이곳에는 주로 단풍나무maple, 사시나무aspen, 자작나무birch, 낙엽송larch이 어우러진다.

겨울에는 한때 미국의 3대 스키 리조트로 꼽히던 설원에서 겨울스포츠를 즐기려는 사람들이 몰려든다. 헤밍웨이가 <누구를 위하여 종은 울리나>를 집필한 선밸리 로지Sun Valley Lodge를 둘러보거나 그곳에서 묵으며 헤밍웨이의 발자취를 더듬으려는 사람들도 있다. 206호가 헤밍웨이 룸이다. 이처럼 아이다호주는 사람들이 저마다 다른 기대를 안고 찾아오는 곳, 어느 계절에 가도 가슴 뻐근한 기쁨을 누릴 수 있는 여행지다.

내가 방문한 어느 가을 목격한 미국의 단풍은 우리나라의 그것과 달랐다. 우리 단풍은 빨갛고 노랗게 물든 나무들이 어우러져 다채롭다. 같은 빨강이라도 농담이 다 달라 아기자기한 맛이 있다. 그 반면에 미국 단풍은 노랑이면 노랑, 빨강이면 빨강 등 산마다 한 가지

색을 띤다. 게다가 수종이 같은 나무가 집단을 이루며 몰려 있어 온 산이 노랗거나 빨갛게 물들어 일률적이고 거대해 보인다. 어떤 곳은 마치 빨간 파도가 밀려오는 듯 압도적이고 이색적이다. 그런데 나는 단풍과 침엽수가 조화롭게 섞인 우리의 가을 산이 더 곱다고 느낀다.

우리나라에서 단풍 하면 흔히 내장사 단풍을 으뜸으로 치는데, 나는 선암사나 백양사 단풍에 마음이 더 흔들린다. 그곳의 단풍은 아늑하게 어우러지는 맛이 있는 까닭이다. 전남 순천 조계산 남쪽에 선암사, 북쪽에 송광사가 자리 잡고 있으며, 전북 정읍 내장산 남쪽에 백양사가, 북쪽에 내장사가 깃들어 있다. 남쪽이 일조 시간이 길고 햇살이 따사로워 산 남쪽의 단풍이 훨씬 곱다.

여담이지만 나무 이야기를 하다 보니 문득 생각나는데, 서울 광화문광장 한가운데, 이순신 장군 동상 뒤쪽부터 광화문 앞 도로가 시작되는 곳 사이에 중앙분리대 역할을 하는 은행나무가 줄지어 서 있었다. 광화문광장이 생기면서 주변으로 옮겨 심었다고 하는데, 도무지 그때의 운치를 느낄 수가 없다. 서울시가 광화문부터 서울역, 용산을 지나 삼각지까지 숲길을 조성한다니 그나마 다행이다 싶다.

가로수도 주변 경관과 어우러짐이 중요하다. 플라타너스, 느티나무, 은행나무는 큰길가에 적당하다. 매연으로 더러워진 공기 정화에도 활엽수가 도움이 된다. 가끔 서울 어느 길에서 소나무 가로수가 눈에 띄는데, 아파트 입구나 빌딩 앞에 조경 목적으로 두세 그루 심어놓으면 몰라도 가로수로는 영 어색하다. 편견일지 몰라도 내 눈에 가로수로는 활엽수가 보기 좋다.

영화 <돌아오지 않는 강>의 촬영장소.
영화에서는 뗏목으로 이 급류를 탄다.

작은 마을 스탠리에서는 리버크루즈, 낚시 등 새먼강과 연관된 관광 상품을 즐길 수 있다.

헤밍웨이 손녀 이름이
마고인 까닭

"내 삶에서 변하지 않은 것은 손녀와 샤토 마고에 대한 사랑뿐이다."

헤밍웨이의 말이다. 헤밍웨이 같은 마초라면 독한 위스키나 럼을 선호했을 것 같지만, 오히려 그는 와인을 즐겨 마셨다. 원고료를 받으면 곧바로 바에서 고급 와인을 주문해 마셨을 정도다. 헤밍웨이가 특히 애호한 것이 프랑스의 샤토 마고. 프랑스 와인의 최고봉을 다투는 샤토 마고는 세계적인 와인 평론가 로버트 파커가 여러 번 만점을 줬을 정도로 인정받는 고급 와인이다. 헤밍웨이는 프랑스 보르도 지방을 여행하다 우연히 샤토 마고를 마시고 홀딱 반했고, 이 와인을 열정적으로 사랑해 손녀 중 한 명의 이름을 마고 헤밍웨이로 지었을 정도다.

미국에 돌아와서도 그의 와인 사랑은 지속됐는데, 헤밍웨이가 와인 때문에 특히 좋아한 몇몇 레스토랑이 있다. 그중 하나가 이번 루트에 포함된 '트레일 크리크 캐빈Trail Creek Cabin'이라는 레스토랑이다. 오죽 자주 왔으면 이곳의 별칭이 '헤밍웨이의 캐빈Hemingway's Cabin'일까. 헤밍웨이는 자신이 쓴 동명의 소설을 영화로 만든 <누구를 위하여 종은 울리나>에 출연한 배우 게리 쿠퍼와 잉그리드 버그먼, <바람과 함께 사라지다>의 남자 주인공 클라크 게이블, 전쟁 사진작가로 유명한 로버트 카파 같은 유명인들과 함께 이곳을 찾았고, 나파밸리에서 생산한 고급 와인을 주문하곤 했다. 앙리 카르티에 브레송과 함께 매그넘 포토스라는 사진 동호회를 결성해 활동하기도 했던 로버트 카파는 전쟁터의 최전선을 누비며 전쟁의 실상을 사진으로 담아내다 베트남전쟁에서 지뢰를 밟아 세상을 떠났다. 그가 1941년 선밸리의 어느 외나무다리를 춤추듯이 냇가를 건너는 모습을 찍은 사진 속 게리 쿠퍼는 어느 영화에서보다 멋지고 자유로워 보인다.

나파밸리가 조금씩 알려지기 시작하던 무렵부터 나파밸리 와인은 가격이나 품질의 안정성 면에서 프랑스 와인에 비해 떨어질 것이 없었다. 확인할 길은 없지만 헤밍웨이도 미국 와인을 좋아하는 나처럼 나파밸리 와인에 썩 만족하지 않았을까. 트레일 크리크 캐빈에 가면 와인도 있지만 '헤밍웨이 핫 럼 펀치Hemingway Hot Rum Punch'라고 불리는 유니크한 칵테일이 있다. 헤밍웨이가 와인 외에 가끔 독주가 끌릴 때면 이 칵테일을 즐겨 마셨다고 한다. 레스토랑은 단골이던 헤밍웨이를 기리며 이 칵테일에 그의 이름을 붙였다.

나는 여기서 미국의 독특한 문화를 본다. 수천 년에 달하는 역사를 가진 유럽과 달리 역사가 250년이 채 안 되는 미국은 자신들의 스토리 만들기에 집중한다. 그래서 미국은 어떤 유명인이 어디를 갔고, 누구랑 친했는지 같은 사실에 집착(?)하는 면이 있다. 유럽에 비해 역사가 짧아 대신 풍부한 스토리를 만들어가고 있는 것 같다.

I'm in Love with Montana

　　노벨문학상 수상자로 소설 <분노의 포도>, <에덴의 동쪽> 등으로 잘 알려진 존 스타인벡은 노동자의 삶을 생생하게 묘사하며 자본주의의 모순을 꼬집은 작가다. 그 역시 헤밍웨이처럼 종군기자로 전선을 떠돈 경험이 있다. 그는 말년에 자신의 반려견 찰리와 함께 미국 전역을 떠돈 경험을 담은 여행기인 <찰리와 함께한 여행>이라는 작품을 발표한다. 미국 곳곳을 여행한 그는 이 책에서 몬태나를 향한 애정을 감추지 않는다. 책에 이런 대목이 나올 정도로 몬태나를 지극히 아꼈다. '나는 몬태나와 사랑에 빠졌다. 물론 다른 주에도 호감을 가지고 있지만, 몬태나에는 오직 사랑만이 있다.' 스타인벡이 이 책을 쓴 시기는 1960년대지만, 몬태나의 본질은 지금도 크게 변하지 않았을 것이다. 스타인벡이 느낀 감동을 우리도 고스란히 느낄 수 있다는 말도 된다. 그가 왜 몬태나와 사랑에 빠졌는지 궁금하다면 몬태나에 가볼 일이다.

　　얼마 전 몬태나와 관련한 기분 좋은 소식을 들었다. 2022년 6월 21일 몬태나 지역 소식지에 '이호 코리안 그릴I-HO's Korean Grill' 관련 기사가 실렸기 때문이다. 그 내용은 이렇다.

　　'한국 음식은 주로 밥과 국, 김치, 나물, 고기로 구성되어 맛있다. 몬태나에서 맛있는 한국 음식점을 찾기는 쉬운 일이 아니지만, 보즈먼에는 1999년부터 중독성 있는 한국 음식을 제공하는 식당이 있다. 팬데믹 기간 동안 외식업계는 경영상 어려움이 많았지만, 이호 코리안 그릴은 그 인기가 일시적이지 않음을 증명하고 있다. 이 식당은 해당 지역에서 많은 사랑을 받을 뿐 아니라 이 집의 메뉴는 인기가 많아 보즈먼의 식료품점 여러 곳에서 이호의 그 유명한 김치를 판다. 김치는 건강에 이로운 음식으로 손꼽히는데, 이호의 김치는 특히 맛있다.'

거주하는 한인이 거의 없는 미국 서북부의 시골에서 우리 음식이 사랑받는다니 반갑고 뿌듯했다. 최근에 식당이 잘되는 덕분인지 더 중심지로 이동했다는 소식도 들었다.

화이트피시 다운타운. 산 너머 스키리조트가 있다.

보즈먼,
보즈앤젤레스가 되다

미국 주요 주와 도시의 인구이동을 조사하는 기관에 따르면 미국에서 코로나19 팬데믹 이후 인구이동이 전년 대비 13~14% 증가했다고 한다. 동부에서는 뉴저지, 뉴욕, 일리노이에서 노스캐롤라이나 사우스캐롤라이나, 메인, 플로리다로 이주했고, 서부에서는 캘리포니아에서 몬태나와 와이오밍으로 이동했다. 몬태나주에서 인구가 가장 큰 폭으로 늘어난 보즈먼Bozeman은 2013년 방문 당시 3만5000명 정도였는데, 현재 약 5만6000명이다. 로스앤젤레스를 포함한 캘리포니아 남부에서 많은 사람이 이주해 현지에서 보즈먼을 '보즈앤젤레스'라는 별명으로 부를 정도다. 공기가 맑고, 경치가 빼어난 데다 인구밀도가 낮고 집값도 저렴한 이 도시에 캘리포니아에서 젊은 사람들이 대거 이주해 도시의 평균연령이 30대 초반이라고 한다. 팬데믹을 겪으면서 인기 주거지로 부상한 보즈먼은 몬태나 최고의 먹거리 타운이기도 하다. 매력적인 음식점과 맥주 양조장이 하나둘 늘고, 국립공원이 가까워 관광객이 증가하면서 사람들이 놀러 와 머무르기 시작하니 새 호텔이 생기거나 기존 호텔이 리모델링해 다시 오픈하는 사례도 많다. 무엇보다 여행자 입장에서 공항을 끼고 있는 이 도시의 매력은 차로 1시간 거리에 옐로스톤 국립공원이 있고, 3시간만 달리면 글레이셔 국립공원에 닿는다는 점이다. 동부의 대도시나 로스앤젤레스에서 차로 오려면 중간에 이틀을 자야 하는데, 비행기로 와서 차를 렌트하면 시간도 절약된다. 팬데믹 기간 동안 미국 사람들도 유럽 등지로 해외여행을 못 가니 국내 여행이 늘었고, 그래서 그간 멀어서 쉽게 엄두를 내지 못하던 서부 국립공원을 찾는 관광객이 는 모양이다. 2020년부터 서부 주요 국립공원이 예약제를 실시한다. 예전에는 오전 9시 이전에 도착하면 편히 주차할 수 있었는데, 주차난도 빚어지는 바람에 예약제로 바뀌었다. 방법은 있다. 5~6월에는 출입할 수 있어도 눈이 덜 녹아 꼭 봐야 할 곳을 못 보고, 7~8월에는 야생화를 보는 즐거움이 있지만 인파가 몰리므로 꽃을 포기하고 9월에 가기를 권한다. 9월 둘째 주를 지나 9월 20일(이 시기가 지나면 언제라도 눈이 내릴 수 있다) 이전에 방문하면 예약하지 않아도 입장이 가능하다. 가장 경제적이고 호젓하게 여행할 수 있는 시기다.

이제 대망의 글레이셔 국립공원Glacier National Park 이야기를 시작한다. 글레이셔 국립공원의 수려한 경관은 한쪽 면만 평면적으로 포착한 사진으로는 10분의 1도 담아낼 수 없을뿐더러 직접 보고도 그 장대하고 웅장한 자연에서 받은 감동을 인간의 말과 글로는 도무지 형용할 수 없다. 파노라믹 뷰로 공기, 소리, 습도, 온도를 느끼며 검푸르고 울창한 원시의 숲에 둘러싸인 감동이라니! 그래서 한 번도 안 와본 사람은 있어도 한 번만 오는 사람은 없다는 곳. 그러니 글레이셔 국립공원에서는 하루이틀 머무를 일이다. 시간에 여유가 있다면 로건 패스Logan Pass에서 왕복 두세 시간 걸리는 하이킹 코스도 체험해 볼 만하다. 이번 여정에는 글레이셔 국립공원에서 두 군데를 둘러보는 일정을 잡았다. 루트 1에 소개한 보이시는 건너뛰고, 첫날은 매니 글레이셔 호텔Many Glacier Hotel에서, 둘째 날은 레이크 맥도널드 로지Lake McDonald Lodge에서 묵는다.

1985년 여행에서 묵었던 통나무집 호텔 올드페이스풀 인.

보즈먼 다운타운. 보즈먼은 최근 인구가 급증해 보즈앤젤레스라고 불린다.

글레이셔 국립공원 안에 있는 세인트 메리 호수 풍경.

리빙스턴 근처 미루나무가 있는 옐로우스톤 강가의 가을 풍경.

인구 1인당 서점과 작가가 가장 많은 동네, 리빙스턴

보즈먼에서 동쪽으로 26마일(42킬로미터) 떨어진 리빙스턴 또한 기대 이상의 분위기를 느낄 수 있다. 영화 <흐르는 강물처럼> 촬영지로 알려진 파라다이스 밸리 기슭 옐로스톤강을 끼고 있는데, 파라다이스라는 이름이 붙은 곳답게 그림 같은 풍광이 펼쳐진다.

리빙스턴Livingston은 인구 1인당 서점이 제일 많은 동네로 작가도 아주 많다. 인구 8400명이 채 안 되는데 작가가 120명에 이른다. 아마도 이곳에 창의적 영감을 주는 무언가가 있지 않을까 싶다. 아름다운 자연이 문학적 감수성을 자극하고 상상력을 풍부하게 만드는 모양이다. 작가들의 마을 리빙스턴에서는 정기적으로 시 낭송회, 작가 강연, 사인회 등 문학 관련 행사가 열린다.

혹시 윈스턴이라는 담배를 아는가. 1960~1970년대 말보로와 함께 명성을 떨친 윈스턴의 담뱃갑에 리빙스턴 마을 사진이 있었다. 말보로도 지금은 심플한 디자인으로 바뀌었지만 본래 카우보이 사진이 실려 있었다. 재미있는 사실은 두 담배 모두 처칠 집안을 모티프로 만들었다는 점이다. 처칠 집안은 말보로 공작 작위를 받은 귀족 가문이다. 우리가 처칠 하면 떠올리는 파이프 담배를 물고 있는 윈스턴 처칠이 바로 이 가문 출신이다. 강한 남성상의 대명사로 처칠의 이미지를 차용했을 만큼 두 담배 모두 독하기로 유명하다.

시간에 여유가 있다면 앞서 소개한 보즈먼의 이호 코리안 그릴에서 저녁을 먹고 리빙스턴에서 하룻밤 묵어도 좋으리라. 바로 옆에 파라다이스 밸리가 있는데, 이번 루트에서는 숙박은 하지 않고 파라다이스 밸리 드라이브를 포함했다. 리빙스턴은 영화 <흐르는 강물처럼>과 <호스 위스퍼러>의 배경이 되었을 만큼 로버트 레드퍼드가 영화 촬영지로 사랑한 마을이다. 이 영화의 장면을 떠올리면 리빙스턴의 풍경을 상상할 수 있을 것이다.

우리가 묵는 The Murray Hotel의 바.

은퇴자들이 살고 싶어 하는 마을, 해밀턴

이번 여정에서는 미줄라에 도착하기 전 해밀턴이라는 마을에 잠시 들른다. 해밀턴Hamilton은 미국의 한 매체가 선정한 '은퇴 후에 살기 좋은 마을 베스트 10'에 꼽힌 곳이기도 하다. 이 목록에는 대부분 동부나 중부의 도시들이 포함되는데, 서북부에서는 해밀턴이 유일하다. 미국 사람들은 은퇴 후 살 곳을 고를 때 생활비, 의료시설, 삶의 질, 공동체의식, 그리고 세금을 고려한다고 한다. 세금을 빼면 우리도 비슷할 것 같다. 공동체 구성원이 서로 배려하고 예의를 지키는 문화가 자리 잡혀 있을 것. 활기차고 흥미로우며 접근성이 우수할 것. 그러나 개인적으로 무엇보다 중요한 것은 걷기 좋은 마을이 아닐까 한다. 미국의 90세 이상 장수 노인들을 조사해 보니 담배를 피우지 않고 매일 카페인이 든 음료 두 잔과 와인 두 잔을 마시며 30분 이상 걷는다는 뉴스를 본 적이 있다.

4900여 명이 사는 작은 마을 해밀턴은 산으로 둘러싸여 있고, 이탈리아 북부의 그림 같은 코모 호수와 이름이 같은 코모 호수도 있다(이탈리아의 코모 호수와 달리 이곳은 한산하고 고요하다). 차로 1시간 거리 미줄라에 병원이 있고, 매력적인 식당도 많으며 골프장의 미다스 손으로 추앙받는 톰 파지오Tom Fazio가 설계한 골프장까지 갖췄다. 자연환경이 수려하고, 병원이 멀지 않으며 불편하고 지루하지 않을 만큼 문화시설과 편의시설을 갖춘 한적한 마을이라면 은퇴자들이 여생을 보낼 곳으로 환영할 만하지 않은가.

12년 전 은퇴할 무렵, 정원을 가꾸는 데 취미가 있는 아내는 나에게 전원생활을 제안했다. 우리 부부는 둘 다 꽃을 사랑한다.

나는 꽃을 좋아해 주로 화초를 골라 사 왔고, 이를 가꾸는 건 아내의 몫이었다. 철마다 꽃이 흐드러지게 피는 정원을 떠올리며 잠시 망설였지만, 당시 나는 도시에서 아직 할 일이 많았고, 친구들도 대부분 도시에 자리를 잡고 있던 터라 그간 살아온 경험을 살려 사회생활을 더 할 기회를 가질 수 있다는 생각에 도시에 남는 편이 낫다고 판단했다. 지금 생각하니 서울에서 차로 1시간 정도 떨어진 곳에서 전원생활을 했어도 좋지 않았을까 싶다. 이 나이 먹고 자연에 흠뻑 빠져 자연으로 향하는 책을 쓰면서 그때 왜 그 결단을 내리지 못했을까 하는 아쉬움이 남는다. 그러나 이제는 병원 가까이에 살 나이가 되었으니 전원생활은 영영 이루지 못한 꿈으로 남을 터다. 그저 TV로 <나는 자연인이다>나 보면서.

높이 오르면
경건해진다

　　근래 들어 금리 문제로 많은 사람이 잭슨홀Jackson Hole에 관심을 갖게 되었다. 특히 2022년에 급격한 금리인상이 이어지며 뉴스에 자주 오르는 곳이기도 하다. 매년 8월 마지막 주에 주요 국가의 중앙은행 총재가 모이는 잭슨홀 미팅이 열린다. 미 연방 준비은행원장을 위시해 세계 주요 국가 중앙은행 총재들이 모인다. 잭슨홀은 한편으로는 타이거 우즈, 해리슨 퍼드, 브래드 피트 등의 별장이 있을 정도로 저명인사들이 찾는 사계절 휴양지다. 겨울에는 연중 강설량이 12미터가 넘어 겨울스포츠 마니아들이 모여들고, 다른 계절에는 정상에서 보는 고산의 풍경을 감상하려는 관광객으로 붐빈다. 참고로 지명에 홀hole이라는 말이 붙은 건 주변에 높은 산이 많아 평지인 이 일대가 구덩이처럼 느껴지기 때문이라고 전해진다.

　　잭슨홀의 명물 중 하나는 정원이 100명에 달하는 에어리얼 트램Aerial Tram이다. 이 거대한 트램을 타면 높이 3000미터가 넘는 랑데부산 정상까지 오를 수 있다. 정상에서 보는 그랜드티턴 국립공원Grand Teton National Park의 스카이라인이 이루는 웅장한 자태는 도무지 글로는 형용하기 어렵다. 게다가 딱 10여 분을 투자해 고생하지 않고 이런 고지까지 오를 수 있다는 사실이 얼마나 매력적이고 다행스러운 일인지 모르겠다. 높은 산에 오르면 탁 트인 풍경에 압도당하는 동시에 인간이라는 존재가 얼마나 작고 나약한지 깨달으며 경건한 마음을 갖게 된다. 랑데부산 위에서 보는 풍경은 부디 놓치지 말기를.

잭슨홀 타운스퀘어.
잭슨홀은 스키리조트도 유명하다.

트리플 에이 종이 지도의
매력

내가 자동차 여행을 떠날 때 꼭 챙기는 물건이 있다. 트리플 에이AAA 맵이다. 1905년 처음 발간된 이 지도는 미국의 도로 상황을 가장 상세하게 담고 있는 지도다. 종이 지도인데 자세하기 이를 데 없어 감탄을 자아낸다. 이를테면 시닉 로드라 불리는 아름다운 길에는 작은 별표가 표기되어 있고, 주요 관광지에도 별도로 표시되어 있는 식이다. 종이 지도의 매력은 목표 지점을 향해 가는 길을 한눈에 볼 수 있다는 점이다. 목적지 주변에 무엇이 있는지, 어떤 길이 아름다운지, 혹은 지형이 어떠한지 일목요연하게 파악된다. 내비게이션은 가장 빠른 길을 알려줄지는 몰라도 이렇게 입체적인 정보를 주지는 못한다. 물론 나도 내비게이션을 이용하지만, 트리플 에이 맵을 늘 손이 닿는 곳에 둔다. 이것이 여행을 훨씬 풍부하게 만들어주기 때문이다.

지금은 여행을 나서며 나처럼 종이 지도를 지참하는 사람은 거의 없을 것이다. 대부분이 구글 맵이나 다른 내비게이션 서비스를 이용할 테고, 그 편이 시대에 걸맞은 방법이라고 생각한다. 그럼에도 트리플 에이 맵은 여전히 주기적으로 새로운 에디션이 발매되며 종이 지도의 매력을 포기하지 않고 있다. 참 멋진 일이지 않은가. 트리플 에이 맵이 오래오래 발간되기를 바라 마지않는다.

옐로우스톤 국립공원의 타워 폭포.

OH'S TRAVEL NOTE
8박 10일

Day 1

ICN(18:05) → SEA(11:00)

SEA(15:15) → FCA(17:41)

18:00 인천에서 시애틀 도착 후 편수가 많은 알래스카 항공 항공기를 타고 캘리스펠까지 이동. 공항에서 렌터카를 인수한다.

19:00 Kalispell → Whitefish(16마일/30분) 캘리스펠 바로 옆에 있는 화이트피시까지 차로 이동

19:30 Grouse Mountain Lodge 숙소.

19:45 Buffalo Café 저녁 식사.

Day 2

07:30 Loula's Café 아침 식사. 호텔에서 조금만 이동하면 있는 룰라스 카페는 조식으로 상당히 유명한 곳이다.

08:30 Whitefish → Waterton Lakes NP(180마일/3시간) 2번 도로를 경유한다. 고잉투더선로드보다는 못하지만 경관이 좋다. 갈 때는 2번 도로로 우회해 캐나다의 워터턴 레이크스 국립공원으로 갔다가 매니 글레이셔 호텔에서 묵은 다음 날 고잉투더선 로드를 거쳐 로건 패스에 들렀다가 맥도널드 호수로 가게 된다.

12:00 Prince of Wales Hotel 점심 식사. 프린스 오브 웨일스 호텔은 캐나다에 있다. 점심 먹기 위해 미국에서 캐나다로 국경을 넘는 셈이다.

14:00 Waterton Glacier International Peace Park 워터턴 글레이셔 국제평화 공원은 미국과 캐나다의 국경을 오갈 수 있는 곳이라는 뜻에서 이런 이름이 붙었다. 우리의 DMZ도 언젠가 이런 평화 공원으로 거듭나기를 바란다. 이곳에서 잠깐 산책을 즐기고 다음 목적지를 향해 출발한다.

14:30 Waterton → Many Glacier Hotel(30마일/1시간)

15:00 Many Glacier Hotel in Babb(115마일/1시간 30분) 숙소와 저녁 식사는 여기서. 영화 <천국보다 아름다운>의 제작진은 최고의 풍경을 찾아 미국 전역을 떠돌았는데, 그중 한 곳이 바로 이 매니 글레이셔 호텔이다. 호텔에서 바라보는 풍경이 감탄을 자아낼 만큼 절경이니 저녁도 호텔 안에

서 먹는다.

15:30 **Swiftcurrent Lake Loop** 산책(4마일/1시간) 호텔 인근의 호수를 산책할 수 있는 산책로가 있다. 아름다운 풍경을 따라 한적한 길을 느릿느릿 걸어보자.

18:00 **Two Sisters Cafe**에서 호텔 음식보다 인근 맛집의 음식을 맛보고 싶다면 투 시스터스 카페 식사 후 잡지 <선셋>에서 선정한 미국 서부 최고의 허클베리 파이 맛집인 파크 카페Park Cafe에 들러 원하는 음식을 포장해 호텔에서 맛보길 권한다. 허클베리는 몬태나의 대표적인 베리.

Day 3

08:00 조식 후 체크아웃. 호텔에서 점심 도시락을 미리 사두자.

08:30 **Many Glacier Hotel → Saint Mary Falls Parking Lot**(20마일/30분) 세인트메리 폭포로 이동한다. 글레이셔 국립공원 안에 있는 세인트메리 폭포까지 다녀오는 하이킹(1시간)을 즐겨보자.

10:00 **Saint Mary → Logan Pass**(18마일/30분) 로건 패스로 이동한다.

10:30 **Logan Pass Visitor Center → Hidden Lake Overlook**(왕복 4.7마일/2시간 30분) 로건 패스는 해발 약 2000미터 높이의 고지대로 가슴이 시원해지는 탁 트인 풍경 덕분에 하이킹 마니아들에게 인기가 높다. 제대로 보려면 최소한 반나절은 들여야 하지만 여행객은 맛보기 정도로 충분하다. 로건 패스 비지터 센터에서 출발해 히든 레이크 오버룩까지 왕복 약 2시간 30분 동안 주변 절경을 마음에 담으며 내달릴 수 있다.

13:30 **Logan Pass → Lake McDonald** 로건 패스에서 출발해 미국에서 아름다운 호수 중 하나로 꼽히는 맥도널드 호수로 떠난다.

15:30 **Lake McDonald Lodge** 숙소 및 저녁식사 장소. 레이크 맥도널드 로지는 경관이 빼어난 곳이 많은 몬태나주에서도 특히 로맨틱한 장소로 꼽힌다. 맥도널드 호수가 눈앞에 펼쳐지기 때문이다. 일출과 일몰도 탄성을 자아내지만 쏟아질 듯 밤하늘을 수놓은 은하수와 별들도 장관이다.

16:00 **Trail of the Cedars** 숙소 인근에 있는 시더스 트레일은 아름다운 길 고잉투더선 로드에서 시작하고 끝나는 산책로다. 놓치기 아쉬운 풍경이 펼쳐지는 곳이니 1시간 정도 가볍게 산책을 즐겨보자. 숙소 내 레스토랑에서 저녁식사 후 일몰을 감상한다.

Day 4

07:00　Lake McDonald → Bigfork(50마일/1시간) 호텔을 나와 빅포크로 이동한다.

08:00　Echo Lake Cafe 아침 식사. 에코 레이크 카페는 1960년대에 문을 연 이래 오랜 역사를 이어온 곳으로 수려한 경치를 전망하고 건강에 이로운 음식을 먹을 수 있다.

09:30　Bigfork → Helena(175마일/3시간) 빅포크에서 헬레나로 이동한다.

12:30　Steve's Cafe 점심 식사. 스티브스 카페는 가족이 운영하는 레스토랑이다. 몬태나의 지역색이 듬뿍 담긴 식사를 제공한다.

14:00　Helena → Paradise Valley → Livingston(125마일/2시간) 식사 후 리빙스턴으로 향하는 도중에 잠깐 파라다이스 계곡에 들르자. 아름다운 계곡 풍경에 마음이 상쾌해진다.

16:00　The Murray Hotel 숙소. 1904년 개장한 유서 깊은 호텔이다. 미국의 역사를 피부로 느낄 수 있는 곳이다. 체크인 후 리빙스턴 시내를 산책한다.

17:30　Livingston → Bozeman(25마일/30분) 저녁 식사를 위해 30분 거리에 있는 보즈먼으로 이동해 I-Ho's Korean Grill에서 저녁 식사.

19:30　Bozeman → The Murray Hotel(25마일/30분) 다시 호텔로 돌아와 휴식을 취한다.

Day 5

08:00　호텔 체크아웃.

08:00　Faye's Café 호텔 바로 옆 카페. 이곳에서 아침을 먹고 점심에 먹을 도시락도 미리 준비하자.

09:00　Livingston → Yellowstone NP(55마일/1시간) 옐로스톤 국립공원으로 떠난다. 옐로스톤 국립공원 안에는 관광 명소가 많지만 특히 유명한 곳이 올드 페이스풀이다.국립공원 내의 간헐천으로 지하에서 솟아오른 물이 낮게는 10미터, 높게는 30미터까지 올라가며 장관을 연출한다. 1시간 정도 둘러보면 충분할 것이다. 때가 되면 아침에 준비한 도시락으로 가볍게 점심을 먹는다.

13:30　Old Faithful → Jackson Lake Lodge(60마일/1시간30분) 이곳에서 나와 잭슨 레이크 로지로 떠난다. 잭슨 레이크 로지에서는 여유로운 티타임을 즐긴다. 고풍스러운 실내와 창밖으로 보이는 풍경을 마음을 평화롭게 만든다.

15:00　**Jackson Lake Lodge → Jackson Hole**(35마일/1시간) 잭슨홀로 가는 길목에 그랜드티턴 국립공원에 들러 2시간 30분 정도 자동차로 명소를 둘러본 후 목적지로 간다.

18:30　**Parkway Inn Hotel** 숙소.

19:00　**Bin 22** 작은 식료품점도 딸려 있는, 와인이 훌륭한 레스토랑이다. 콜키지가 없으니 시내 와인 숍에서 와인으 구입해 들고 가도 된다. 잭슨 타운스퀘어에 위치하므로 저녁을 먹고 시내 산책하기도 좋다.

Day 6

08:00　**Persephone Bakery** 호텔 체크아웃 후 잭슨홀의 유명한 빵집에서 아침 식사를 한다.

09:00　**Jackson Hole → Sun Valley**(240마일/4시간) 선밸리는 과거 미국 서부를 대표하는 스키 리조트였다. 지금은 도시 전체가 거대한 리조트로 탈바꿈해 사계절 내내 관광객이 찾아온다.

13:00　**Roundhouse** 곤돌라를 타고 2347미터 정상에 오르면 라운드하우스라는 레스토랑이 있다. 선밸리 주변을 내려다보며 식사하는 기쁨을 누리길.

15:00　**Sun Valley & Ketchum Tour** 선밸리에서 케첨까지 이어지는 헤밍웨이 족적을 따라 마을 전체를 천천히 둘러보자

18:00　**Best Western Plus Kentwood Lodge** 숙소.

18:30　**Trail Creek Cabin** 저녁 식사. 소박해 보이는 레스토랑. 프렌치 메뉴도 있지만 스테이크가 더 맛있다. 이곳은 헤밍웨이가 좋아했던 레스토랑이라 헤밍웨이의 캐빈이라고도 불리는데, 헤밍웨이 핫 럼이라는 칵테일이 있다.

Day 7

08:00　**The Kneadery** 호텔 체크아웃 후 아침 식사 장소. 니더리는 1974년부터 운영해 온 훌륭한 브런치 레스토랑으로 오전 8시에 오픈한다.

09:00　**Ketchum → Galena Summit Overlook → Stanley → Salmon River**(180마일/4시간) 이제 케첨에서 아이다호주의 새먼으로 이동한다. 중간에 스탠리라는 마을을 거쳐 가는데 이곳에서 새먼강 투어 프로그램이 마련돼 있다. 강을 좋아하는 사람은 이곳에서 잠깐 배도 타보고 물놀이도 할 수 있다. 가는 길에 있는 걸리나 정상 전망대에 들러 일대를 조망하는 것도 추천한다.

13:00	**Junkyard Bistro** 점심. 새먼의 정크야드 비스트로는 유명 레스토랑 앱인 옐프Yelp가 선정한 미국 100대 맛집에서 1위로 꼽혔던 곳이다.
14:00	**Middle Fork** 새먼에서 북쪽으로 조금만 올라가면 미들포크라는 지점이 나온다. 마릴린 먼로가 주연했던 영화 <돌아오지 않는 강>의 촬영지다. 지도상에 강 이름이 River of No Return이다.
16:00	**Middle Fork → Hamilton → Missoula**(140마일/2시간 30분) 미줄라로 가는 도중에 해밀턴이라는 마을에서 잠깐 쉬자.
18:30	**Best Western Plus** 숙소.
19:00	**Biga Pizza** 저녁 식사는 유명한 피자가게를 추천한다. 인근 사케토메 Saketome라는 일식집도 근사하다.

Day 8

07:30	조식 후 호텔 체크아웃.
09:00	**Flathead Lake → Whitefish**(130마일/2시간 30분) 미줄라에서 떠나 플랫헤드 호수를 거쳐 화이트 피시로 이동한다. 플랫헤드 레이크 호수 인근에 모여 있는 과수원과 와이너리를 둘러본다.
11:30	**Whitefish Lake Restaurant** 점심. 100년 넘은 골프장 안에 레스토랑이 있다. 캘리스펠 공항까지는 30분이면 이동할 수 있으므로 여유롭게 식사하고 휴식한다.
14:00	**Kalispell Airport** 캘리스펠 공항에 도착해 렌터카를 반납하고 비행기로 이동한다.

FCA(16:05) → **SEA**(16:35)

17:30	**DoubleTree by Hilton** 마지막 숙박은 공항 내에 있는 더블트리 호텔에서.

Day 9

08:00	**13 Coins SeaTac** 호텔 체크아웃. 도보 5분 거리의 식당에서 아침을 먹고 셔틀로 공항 이동.
09:30	**Beecher's Handmade Cheese** 시애틀·터코마 국제공항 안에 있는 비처스 핸드메이드 치즈에서 점심 겸 간단히 요기한다.

SEA(12:30) → **ICN**(+1일)

OH'S TRAVEL TIP

아이다호와 몬태나의 와인

접할 기회가 없는 탓인지 와인 애호가들도 아이다호와 몬태나 와인을 잘 모른다. 우리에게는 낯설지만 의외로 훌륭한 와인이 있고, 현지 식당 와인 리스트에 이 지역 와인이 비교적 저렴한 가격으로 올라 있다. 이 지역의 주요 품종은 카베르네 소비뇽, 메를로, 말벡, 시라, 리슬링, 샤르도네, 게뷔르츠트라미너, 알바리뇨 등인데, 북쪽 지역이니만큼 레드와인보다는 화이트와인을 권한다. 게뷔르츠트리미너가 특히 향이 탁월하므로 꼭 마셔보기를 바란다. 대표 와이너리로 아이다호의 윌리엄슨 와인스Williamson Wines, 텔라야Telaya, 리바우라Rivaura, 몬태나의 미션 마운틴 와이너리Mission Mountain Winery, 글레이셔 선 와이너리Glacier Sun Winery, 텐스푼Ten Spoon 등이 있다.

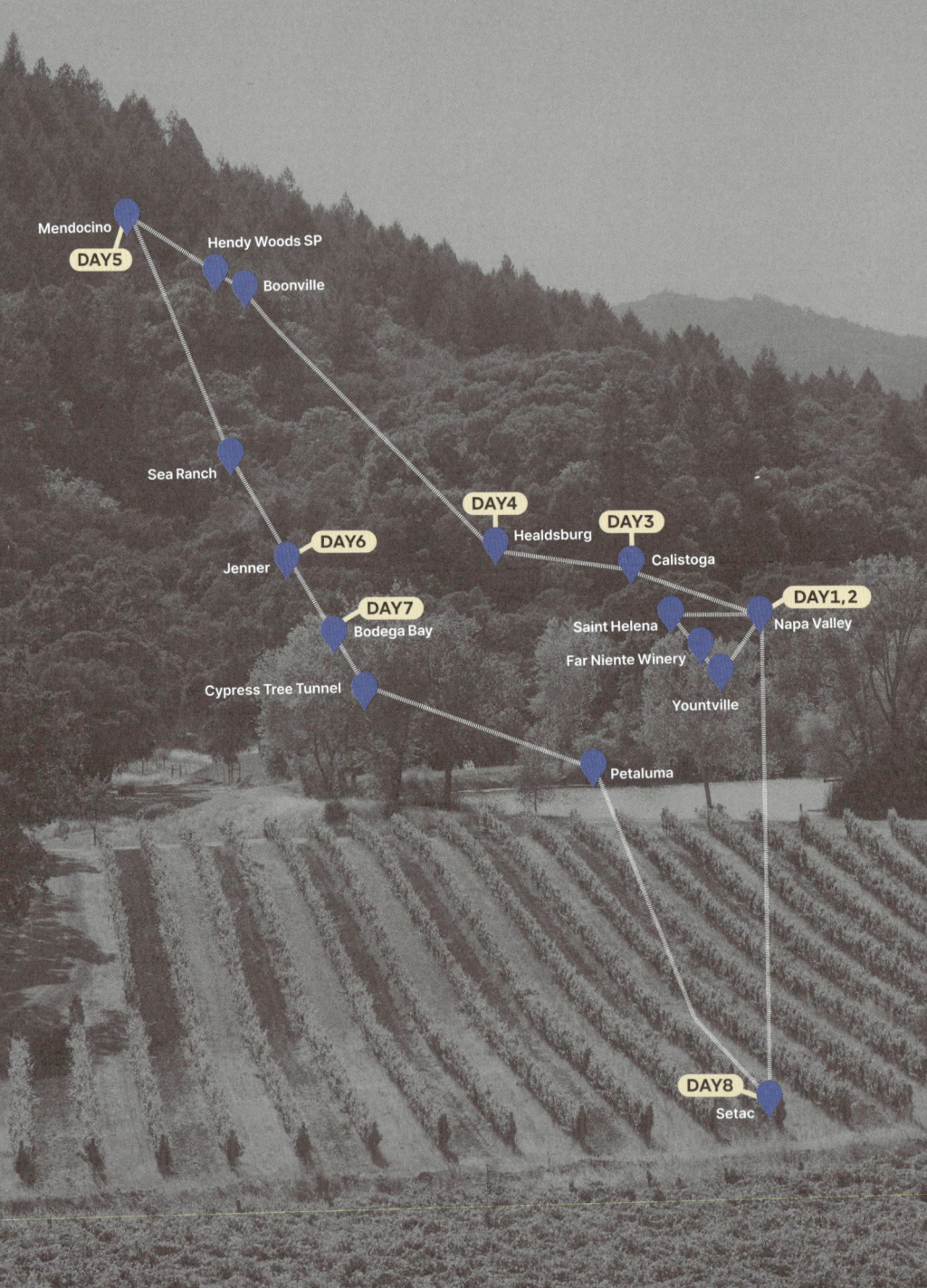

Napa Valley & Sonoma

와인의 땅을
여행하다

ROUTE 5

나파밸리에서 생산되는 최고급 와인은 프랑스의 그랑 크뤼급 와인과 경쟁할 수준이 된 지 꽤 오래다. 나파는 와인 덕분에 관광이라는 또 하나의 수익원을 얻었다. 미국인을 포함해 연간 400만 명 이상의 전 세계 관광객이 나파밸리를 보기 위해 먼 길을 나선다. 끝이 보이지 않을 만큼 드넓게 펼쳐진 포도밭 풍경과 와이너리 투어는 도시인을 위한 고급 관광상품이다.

이번 루트는 나파밸리로 향하는 관문이라 할 수 있는 샌프란시스코에서 시작해 와인 애호가 사이에서 유명한 나파밸리와 소노마, 그리고 상대적으로 덜 알려진, 숨은 보석 같은 마을 멘도시노를 여행한다. 샌프란시스코 사람들이 즐겨 찾는 주말 여행지는 대부분 요세미티 국립공원이나 빅서, 카멜 등지인데, 선호도가 높은 만큼 여행 인파에 휩쓸릴 가능성이 높다. 그래서 나는 가까우면서 조용한 숨은 매력이 넘치는 멘도시노와 북캘리포니아 해변을 추천한다. 나파밸리가 외국인에게 유명하다면, 소노마는 현지인 사이에 인기가 많다.

와이너리 투어 대신
와인 기차를 타고

나파밸리의 대표 와인은 대부분 욘트빌Yountville부터 캘리스토가Calistoga 사이에서 생산된다. 특히 오크빌Oakville에서 세인트헬레나Saint Helena 사이는 미국 최고의 레드와인 성지라 할 만하다. 소량 생산, 고품질로 마니아층을 확보한 컬트 와인을 위시해 이름 있는 와인이 생산되는 곳이다. 오늘날 나파 와인을 이끈 양대 축은 로버트 몬다비Robert Mondavi와 윌리엄 할란William Harlan이다. 할란은 최고급 와인으로, 몬다비는 대중적 와인으로 발전했다. 오퍼스 원 Opus One도 고급 와이너리 중 하나로 꼽힌다. 몬다비가 프랑스 무통 로스차일드와 손잡고 만든 레이블이다.

욘트빌은 나파밸리에서 가장 아름다운 마을로 알려져 있다. 욘트빌에 미쉐린 3스타 레스토랑 '프렌치 론드리The French Laundry'가 있다. 예약하기도 어렵고, 여행 일정 중 가기에는 마음도 급하다. 그래도 욘트빌을 찾았다면 식사는 못하더라도 이 레스토랑에 꼭 들르기를 권한다. 레스토랑 맞은편, 편도 1차선 도로 건너에 프렌치 론드리에서 운영하는 허브 팜이 있다. 허브 종류에 따라 텃밭에 이름도 붙여놓아 구경하는 재미가 쏠쏠하다. 허브 팜을 둘러본 뒤 산책 삼아 메인 스트리트의 아기자기한 상점에도 가볼 만하다.

많은 사람이 와이너리 투어에 로망을 갖고 있다. 넓은 포도밭과 양조장을 둘러보고, 다양한 와인을 테이스팅 하는 낭만적이고 흥미로운 경험. 하지만 막상 투어를 하다 보면 뜨거운 햇볕 아래서 포도밭을 따라 걷는 것이 그리 멋진 일만은 아니다. 게다가 포도밭은 드넓다. 10~20분 걷다 보면 금세 지치는 데다 투어에 포함되는 와인 테이스팅에 참여하는 가격도 만만치 않다. 이런 이유로 나는 와이너리 투어를 그다지 추천하지 않는다.

그럼에도 한 번쯤 와이너리 투어를 간다면 파 니엔테 와이너리Far Niente Winery를 추천한다. 와인 모임 친구들과 파 니엔테에 간 적이 있는데 공간을 집약적으로 설계해 투어하기에 편하다. 와인 보관 창고 카브cave를 둘러보고 밖으로 나오면 야외에 피크닉 테이블 몇 개가 놓여 있고, 마당의 큰 나무 아래 테이블에 앉으면 저 멀리 포도밭이 보인다. 와이너리는 대부분 실내에서 테이스팅을 하는데 이곳은 야외 테이블에서 테이스팅을 진행하니 운치가 그만이다. 네 가지 와인을 시음했는데 화이트와인(샤르도네)과 디저트 와인(돌체)이 마음에 들었다. 미국에서는 디저트 와인을 잘 만들지 않아 반가운 마음이 든 데다 고전적이고 섬세한 레이블도 예뻐 마음에 든 기억이 난다.

또 한 군데 나파밸리에서는 유일하게 곤돌라가 있는 스털링 빈야드Sterling Vineyards를 가는 것도 괜찮다. 높은 곳에서 나파밸리를 조망하면 새로운 뷰를 만날 수 있다.

테이스팅을 신청하는 대신 와인을 두 병 정도 구입하는 것도 합리적이다. 좋은 와이너리의 경우 1인당 테이스팅 비용이 50~80달러다. 짧은 시간에 4~5종의 와인을 테이스팅 할 수 있는데 시간이 넉넉지 않아 마음껏 음미하지도 못하고, 자동차 여행인 만큼 운전자는 마시지도 못한다. 나는 무엇보다 일행 모두가 함께 즐길 수 없다는 점이 맘에 걸린다. 이런 이유로 테이스팅이 포함된 와이너리 투어보다는 차라리 원하는 와이너리에 가서 피노 누아와 샤르도네 등 무난한 와인 두세 병 사는 것을 추천한다. 1인당 80달러, 4인이면 300달러가 넘으니 좋은 와인 두세 병 사는 것이 낫다는 말이다. 게다가 왠만한 레스토랑에서 로컬 와인 두 병 정도는 콜키지 프리 서비스를 제공한다.

와이너리 투어 대신 나파역에서 출발하는 와인 트레인을 타는 것도 썩 괜찮은 선택이다. 두세 시간은 걸리므로 기차 안에서 식사를 할 수 있어 와이너리 투어를 하는 것보다 시간과 에너지를 절약할 수 있다. 식사를 하며 와인도 마시고, 편히 앉아 와이너리 풍경을 감상할 수도 있고, 맘에 드는 와인은 구입도 할 수 있으니 얼마나 좋은가. 기차는 낮과 저녁 하루 두 번 출발하는데, 낮에 타야 포도밭의 아름다운 풍경을 볼 수 있다는 사실을 잊지 말자.

2018년 와인 모임 회원들과 떠난 나파밸리 여행 둘째 날 세인트헬레나에서 저녁 먹을 식당을 찾다가 '투 버즈 원 스톤Two Birds One Stone'이라는 상호를 발견했다. 식당 이름이 일석이조라는 뜻을 가진 것이 신기해 알아보니 셰프 두 명 중 한 사람이 상윤Sang Yoon이어서 더 고민하지 않고 찾아갔다. 그 셰프는 쉬는 날이라 만나지 못했지만 우리 일행 모두 뿌듯한 저녁 시간을 보냈다.

파 니엔테 와이너리의 야외 시음 장소.
마치 공원 같다.

와인 영화들

　　　　내가 와인을 워낙 좋아하는 만큼 와인을 주제로 한 영화도 즐겨 본다. 2005년에 개봉한 <사이드웨이>는 대표적인 와인 영화로, 중년 교사이자 이혼남이 결혼을 앞둔 친구와 와이너리로 주말여행을 떠나며 일어나는 에피소드를 다룬 로맨틱코미디영화다. 와인 애호가인 주인공 마일즈는 이혼은 했지만 전처와 언젠가 재결합하기를 기대하고 있는데, 다시 합치면 함께 마시려고 1961년산 샤토 슈발 블랑을 아껴둔다. 보르도 지역 최고 와인은 5대 샤토(샤토 무통 로스차일드, 샤토 라피트 로스차일드, 샤토 라투르, 샤토 마고, 샤토 오 브리옹)에 생테밀리옹 지역의 샤토 오존, 샤토 슈발 블랑, 포므롤 지역의 샤토 페트리스를 더해 여덟곳을 손꼽는다. 슈발 블랑은 영화 <007 네버 세이 네버 어게인>에서 숀 코너리가 연기한 제임스 본드가 마셔 더욱 유명해졌다.

　　　　<사이드웨이>의 주인공은 어느 날 우연히 동네를 걷다 전처를 만난다. 전처의 결혼식에 초대받아 하는 수 없이 결혼식에 참석했지만 피로연에는 차마 갈 수 없었던 그는 아끼던 샤토 슈발 블랑을 패스트푸드점에서 일회용 잔에 부어 마신다. 햄버거에 최상급 와인 샤토 슈발 블랑을 테이블 밑에서 꺼내 따라 마시는 사내의 모습이라니! 영화의 끝부분에 이런 대사가 나온다. "특별한 날에 훌륭한 와인을 마시는 것이 아니야. 훌륭한 와인을 마시는 날이 곧 특별한 날인 거지."

　　　　<와인 미라클>도 볼만하다. 1976년에 실제로 일어난 일인 '파리의 심판Judgement of Paris'을 다룬 영화다. 영화의 원제는 'Bottle Shock'으로, 제목을 통해 짐작할 수 있듯 와인과 연관된 충격적 사건이

일어난다. 캘리포니아 와인이 당대 최고 와인을 자처하던 프랑스 와인을 모두 제치고 파리의 심판에서 1등을 한 사건이다. 프랑스 와인 숍을 운영하던 영국인 스티븐 스퓨리어Steven Spurrier(프랑스 최초의 사립 와인 학교인 아카데미 뒤 뱅L'Academie du Vin을 세우기도 했다)가 테이스팅에 쓸 와인을 구하기 위해 캘리포니아를 찾으면서 이야기가 시작된다. 캘리포니아의 샤토 몬텔레나 샤르도네가 숙성 중에 갈색으로 변해버려 절망하고 있는데, 이는 완벽한 샤르도네에서 나타나는 현상, 즉 보틀 쇼크Bottle Shock라고 부른다. 신기하게도 2~3일 후면 화이트와인의 색이 원래대로 돌아온다. 영화에서 펼쳐지는 나파밸리의 포도밭이 찬란한 데다 파리의 어느 호텔에서 볼 수 있는 길고 고전적인 와인 테이스팅 테이블 장면도 인상적이다. <와인 미라클>은 샤토 몬텔레나 스토리다.

  1976년 파리의 심판에서 1등을 한 화이트와인은 캘리포니아 샤토 몬텔레나Chateau Montelena(1973), 레드와인은 캘리포니아 스태그스 립 와인 셀러스Stag's Leap Wine Cellars(1973)이다. 1976년은 미국 독립 200주년인 해이기도 하다. 두 와인은 스미스소니언 박물관 영구 소장품이다. 자존심이 뭉개진 프랑스, 2006년 '파리의 재심판'이 열렸다. 장기 보관하면 프랑스 와인을 이길 수 없으리라는 자신감이 있었을 터다. 그런데 파리의 재심판에서 캘리포니아 와인이 1~5등을 석권하고야 말았다.

  우리에게 널리 알려진 <구름 속의 산책>도 와인 영화다. 주연 배우 키아누 리브스는 이 영화에서 맨발로 포도를 밟아가며 와인을 만들고 마시며 '구름 속을 산책'하는 기분이 들었다고 이야기한다.

컬트 와인의 대명사,
할란 이스테이트

영화 <사이드웨이> 속 대사처럼 매일매일 특별한 날인 것처럼 살아야지 생각하면서도 나 역시 어느 특별한 날을 위해 보관 중인 와인이 있다. 할란 와인이다. 나파밸리에는 유명한 와이너리가 많지만 할란은 그중에서도 독특한 존재감을 드러낸다. 할란 와인은 열광적인 팬덤을 지녔고, 충분히 납득할 만한 품질의 와인을 생산해 낸다. 컬트 와인이다. 컬트 와인이란 소량 생산되는 고급 와인을 일컫는다. 생산량이 적은 데다 일일이 손으로 따서 만들기 때문에 잘 익은 포도알을 고를 수 있어 맛이 뛰어나고 가격이 비싸다. 1년에 겨우 몇천 박스만 생산되며 시장에 풀리지 않으니 희소성이 높아 옥션에서 몇 배 가격에 거래되기도 한다. 컬트 와인은 1980년대 초반 미국 나파밸리 와이너리에서 시작해 1990년 이후 본격적으로 전 세계에 퍼져 나갔다.

할란 이스테이트의 창업자 윌리엄 할란은 1945년생으로 부동산 개발로 큰돈을 번 후 1984년 나파밸리의 좋은 포도밭을 구입해 와인을 직접 생산하기로 한다. 이 와이너리는 1985년 설립됐지만 그들의 첫 번째 와인은 1996년에야 세상에 등장했다. 12년이라는 시간을 들여 선보인 할란 와인은 등장과 동시에 로버트 파커Robert Parker와 스티븐 탠저Stephen Tanzer 등 저명한 와인 평론가들에게 극찬을 받았다. 이는 할란의 성공인 동시에 나파밸리 와인에 대한 인식을 제고하게 만든 일대 사건이었다.

할란 와이너리는 다른 곳과 몇 가지 뚜렷이 구별되는 점이 있다. 첫째, 소량 생산이다. 한 해 동안 생산되는 와인은 대략

1000~2000박스. 병으로 치면 2만 병이 넘지 않는다. 그런 만큼 할란 와인은 아무나 살 수 없다. 할란은 멤버십으로 운영하는데, 멤버 가입 후에도 3년 이상이 지나야 와인을 살 권리가 생기고, 멤버가 아닌 경우 그 와인을 손에 넣기까지는 10년이 걸린다고 한다. 생산량이 적어서 그렇다. 이런 상황이니 할란 와인이 경매시장에서 몇 배 가격에 팔리는 것도 무리가 아닌 것 같다.

할란 와이너리는 일반인 투어를 받지 않는데 2018년 지인 덕분에 방문한 적이 있다. 약간 고지대에 위치하고 포도밭이 크지도 않았지만 포도밭에 감도는 분위기, 비옥한 토양이 주는 기분 좋은 감각이 아직 생생하다. 아마도 천혜의 자연과 더불어 사람의 정성이 깃든 것이 아닐까 싶었다.

할란의 뒤를 이은 스크리밍 이글과 콜긴, 다나, 헌드레드 에이커 등도 컬트 와인으로 유명하다. 가격은 보통 600달러 이상, 1000달러 이상인 것도 있다. 루이 비통이 인수한 조지프 펠프스의 인시그니아나 신세계에서 인수한 셰이퍼도 300달러가 넘는 고급 와인이다. 이런 와인은 적어도 10년 이상 보관했다가 마셔야 한다. 전 세계 와인 중 95%는 1년 내에 마실 와인, 4%는 5년 이내, 나머지 1%는 5~10년 이상, 20~30년 이상 두었다 마실 것은 0.1%라고 하니 우리는 마음 놓고 매일매일 와인을 즐겨도 되겠다.

소노마의 숨은 보석, 힐즈버그

2018년 처음 가본 힐즈버그Healdsburg의 인상은 뭔가 고급스러우면서 조용하고 느긋했다. 워낙 조용한 여행지를 선호해 시간 여유가 있다면 하루이틀 더 머물고 싶었던 기억이 난다.

힐즈버그는 캘리포니아 와인 컨트리 중에서도 매력적인 지역으로 샌프란시스코 사람들도 주말 여행지로 즐겨 찾는 동네다. 팬데믹 기간에도 레스토랑이 늘고 유명 호텔이 재단장해 오픈했다. 여행 전문 잡지 <콘데 나스트 트래블러Condé Nast Traveler>가 소노마Sonoma 카운티에서 가장 매력적인 마을로 꼽은 곳이자 <스미스소니언Smithsonian> 매거진에서 선정한 '미국에서 방문하기 가장 좋은 소도시' 2위에 오른 바 있다.

나파밸리는 남북으로 길게 뻗은 지형으로 맨 아래 나파에서 시작해 욘트빌, 세인트헬레나, 캘리스토가까지 드문드문 떨어져 있고, 미쉐린 스타 레스토랑도 원거리에 위치한다. 반면 소노마는 힐즈버그를 중심으로 알렉산더 밸리, 드라이 크리크 밸리, 러시안 리버 밸리 등 우리에게 친숙한 와이너리가 펼쳐져 있고, 훌륭한 레스토랑도 지근거리에 있다. 힐즈버그에서 1시간 거리에 멘도시노가 있고, 30분이면 태평양 해변에 닿을 수 있다. 와인 품종도 비교된다. 나파밸리에서 생산하는 레드와인은 카베르네 소비뇽, 화이트와인은 샤르도네, 두 종류뿐인데 힐즈버그는 반경 30~40분 거리에 알렉산더 밸리의 카베르네 소비뇽, 드라이 크리크의 진판델과 소비뇽 블랑, 러시안 리버 밸리와 소노마 코스트의 피노 누아와 샤르도네 등 다양한 품종을 재배해 여행객에게 다채로운 맛의 경험을 선사한다.

영국의 어떤 문인이 피노 누아와 카베르네 소비뇽을 소설가에 빗대 표현한 글을 어느 책에서 읽은 적이 있다. 두 와인의 공통점은 모두 베스트셀러라는 점이라 밝히고, 하나는 찰스 디킨스, 다른 하나는 제임스 조이스에 비유했다. 영국인에게 셰익스피어 다음으로 사랑받는 소설가 찰스 디킨스는 카베르네 소비뇽에, 난해한 작품으로 꼽히는 <율리시스>의 작가 제임스 조이스는 피노 누아에 빗대었다. 그러고 보면 보르도를 떠난 카베르네 소비뇽은 전 세계 어디에 가서도 성공적으로 정착한 데 반해 부르고뉴를 떠난 피노 누아는 재배부터 워낙 까다로워 캘리포니아의 소노마, 멘도시노, 영화 <사이드웨이>에 등장하는 센트럴 코스트, 그리고 오리건 정도의 지

힐즈버그 타운 플라자.

역에서 성공을 거두었다. 특히 소노마의 피노 누아는 본고장 부르고뉴 못지않다는 평가를 받고 있다. 피노 누아는 레드와인 품종 중 가장 가볍다고 해서 붉은 옷을 입은 화이트 와인이라고 불린다. 여기에 대응해 화이트와인 중 가장 묵직한 샤르도네는 흰옷을 입은 레드와인으로 묘사한다.

미국에서 두 번째로 아름다운 타운 플라자, 힐즈버그 타운 플라자가 있는 마을(가장 아름다운 곳으로는 와이오밍주의 잭슨타운 플라자를 꼽는다). 예쁜 정원과 정원 주변에 최고급 호텔과 식당, 부티크숍이 있어 산책 겸 걸어다니며 구경하기 좋고, 와인 시음실과 치즈 매장도 있어 굳이 와이너리를 방문하지 않아도 될 정도다.

나의 추천으로 부티크 호텔과 부티크 숍이 자리한 자그마한 동네로 여행을 다녀온 지인이 이곳 호텔에서 경험한 호사를 들려줬다. 호텔에 와이너리 직원이 상주해 체크인하는 고객에게 와인 테이스팅을 해주고, 룸서비스를 이용하면 풀세트로 차려주는 데다 5분마다 와서 잔을 채워줘 머쓱하기도 했지만 신선한 경험이었다고 한다. 무엇보다 내가 감탄한 것은 그 호텔의 아침 조달법이었다. 아침을 호텔 근처의 브런치 카페 코스토 프렌치 베이커리Costeaux French Bakery에서 가져오는데, 늘 먹던 식상한 호텔 조식과 달라 새롭고, 유명 식당으로 소문난 만큼 맛도 좋았다고 한다. 나는 무엇보다 호텔의 셰프가 이른 새벽부터 출근하지 않아도 된다는 점에서 무척 합리적인 시스템이라고 생각했다.

미국의 알자스, 앤더슨 밸리

멘도시노로 향하는 길목에 괜찮은 와이너리가 꽤 많다. 멘도시노 카운티의 와인 중심지 앤더슨 밸리는 주변 경관이 아름다울 뿐 아니라 프랑스 알자스 지방에서처럼 레드와인과 함께 다양한 품종의 화이트와인이 생산된다. 레드와인은 피노 누아 한 가지이고, 게뷔르츠트라미너, 피노 그리, 샤르도네, 피노 블랑, 소비뇽 블랑과 스파클링와인까지 다양한 화이트와인 품종이 나오는 것을 보면 재배 환경이 알자스와 비슷한 모양이다. 피노 누아는 프랑스 부르고뉴를 대표하는 포도 품종이다. 한 세트 가격이 수천만 원이 넘어 가장 비싼 와인으로 불리는 로마네-콩티도 피노 누아로 만든다. 피노 누아 와인은 맛과 향이 섬세하지만, 한편 포도알이 작고 껍질이 얇아 외부 환경의 영향을 많이 받는다. 한마디로 예민한 품종이라 재배와 양조가 까다롭다. 그래서 프랑스 부르고뉴가 아닌 다른 지역에서 생산한 피노 누아는 실패를 거듭했는데, 앞서 말했듯 앤더슨 밸리, 소노마의 러시안 리버 밸리, 남쪽의 샌타바버라, 오리건 지역의 윌래밋 밸리에서는 잘 자라 긍정적으로 평가받고 있다. 낮에는 캘리포니아의 따뜻한 햇빛을 받고, 밤에는 인접한 태평양의 다소 서늘한 공기 덕에 예민한 피노 누아를 재배하는 데 성공할 수 있었던 것 같다. 미국의 피노 누아 와인은 부르고뉴산보다 가격은 저렴하고 맛과 향은 크게 뒤지지 않는다. 남쪽의 샌타바버라 지역에서 생산되는 피노 누아는 과일의 풍미가 조금 더 진하다. 아래쪽이 기온이 높고 일조량도 많기 때문이다.

사진 오른쪽의 노랑 건물이 2003년 묵었던 멘도시노 호텔이다. 왼쪽으로 목조 워터 타워가 보인다.

시간을 잊은 멘도시노

내가 멘도시노mendocino를 처음 본 것은 1986년이다. 북캘리포니아의 라센 화산 국립공원, 레드우드 국립공원, 오리건의 유일한 국립공원 크레이터레이크 국립공원을 보고 내려오다가 북캘리포니아 1번 도로를 따라 내려가며 우연히 굉장히 예쁜 마을을 지났다. 아쉽게 스친 작은 도시는 대체 어딜까 싶어 훗날 찾아보니 멘도시노였다. 멘도시노는 1850년대 처음 생겼고, 마을 전체가 역사적 랜드마크로 지정되어 매력적인 옛 모습을 잘 간직하고 있다.

주재원 생활을 마친 뒤 귀국을 앞두고 있던 때다. 이삿짐을 다 싸서 보낸 후 여행을 떠났다. 나름대로 로스앤젤레스에서 1박 2일, 2박 3일 샌프란시스코 남쪽의 국립공원을 부지런히 다녀 웬만한 곳은 다 가봤는데 지나쳐 아쉬웠던 곳이 생각났다. 바로 멘도시노다. 2003년 추석 연휴 5일에 이틀 휴가를 더해 여행을 떠났다. 멘도시노 마을에 접어들자 휴가 성수기를 지나서인지 길에 사람도 차도 없어 한산했다. 마을 입구에는 목조로 된 1층짜리 주유소가 있었고, 미국 시골처럼 뉴잉글랜드풍 작은 목조주택이 드문드문 보였다. 제일 높은 건물이라고 해야 고작 3층이었다.

미국 하면 광활하고 웅장한 자연이 떠오르는데 이곳은 아담하고 예쁘며, 해안선도 운치 있다. 특히 태평양 바다는 대서양보다 밝고 푸르다. 그런데 푸르른 태평양 자락임에도 멘도시노의 바다는 어쩐지 쓸쓸하다.

멘도시노는 레드우드가 많은 지역으로 1850년 벌목 산업이 활발해지며 생겨난 도시다. 목조주택이 많은 이유다. 이런 역사적 배경으로 중국인 벌목공이 대거 이주해 아담한 중국식 절(도교 절은 자그마하고 소박한 사당 같다)도 남아 있다. 당시에는 집들을 바닷가 근처에 지었는데 염분이 있는 지하수를 식수로 쓸 수 없어 산에서 물을 끌어온 뒤 저장했다 쓰기 위해 워터 타워를 만들었다. 아직도 그 시절 나무로 만든 워터 타워가 몇 군데 남아 있다.

마을의 이런 풍경 덕분에 1910~1920년 20편 가까운 무성영화가 촬영되기도 했다. 이후 연방정부에서 벌목을 금지하면서 거의 고스트 타운이 되었다가 1960년대 반전운동으로 샌프란시스코에서 히피를 피해 온 예술가들이 이곳에 정착했다. 도시 규모에 비해 갤러리가 많은 이유다. 작은 마을은 커뮤니티가 공고해 멘도시노로 이주하려면 이 커뮤니티의 승인을 받아야 한다. 숍 하나도 까다롭게 들인다. 그래서 맥도날드나 버거킹 같은 패스트푸드점은 물론 같은 품목을 취급하는 상점도 없다. 멘도시노 인구는 1000명이 채 되지 않는다. 2022년 현재 총 930명으로, 인구가 쉽사리 늘지 않는 이유에 이런 제도도 한몫했을지 모르겠다. 대신 시간을 잊은 듯한 아름다움을 간직하게 된 것이 아닌가 싶다.

멘도시노 주민들은 관광객을 향해 'Stay on the sunset, Recharge your energy'를 표방한다. 멘도시노는 관광객들이 에너지를 충전할 수 있는 도시라는 뜻이겠다. 나도 멘도시노의 쓸쓸한 해변을 따라 마을을 거닐며 기운을 얻었던 기억이 난다. 특히 멘도시노 바닷가에 내려앉는 일몰은 이루 말할 수 없을 정도로 감동적이다. 내 나이쯤 되면 일출보다는 일몰이 마음을 더 움직인다. 해가 저토록 비장하게 져도 내일 또다시 떠오를 것을 알기 때문이라고 할까. 헤밍웨이의 소설 <태양은 다시 떠오른다>의 제목처럼 말이다. 일출보다는 일몰의 감동을 이야기하는 내게 아내는 평생 새벽 4시에 일어나서 그렇다고 일침을 놓는다. 그 말을 듣고 보니 해 뜨기 전에 하루를 시작해 일출의 의미가 퇴색했나 싶기도 하고.(웃음)

멘도시노 코스트 풍경.

서부영화 속
목조건물

    2003년 멘도시노 여행. 샌프란시스코에서 렌터카를 찾아 나파밸리의 욘트빌에서 점심을 먹고 앤더슨 밸리를 거쳐 멘도시노로 향하는 길이었다. 멘도시노는 신호등도 없고, 걸어서 20~30분, 차로는 3~4분이면 전부 돌아볼 정도로 작은 마을이었다. 오래된 목조 워터 타워가 그대로 놓인, 시간이 정지한 듯 옛 모습을 간직한 마을에서 우리 부부는 2층짜리 목조건물로 된 멘도시노 호텔에 여장을 풀었다.

    1층은 프런트와 레스토랑, 2층은 객실인 단출한 호텔은 흡사 서부영화의 촬영 세트 같았다. 호텔 직원이 일러준 방으로 올라가려고 2층으로 어이진 계단을 디딜 때마다 삐걱거리는 소리가 불안하게 울려 퍼졌다. 1층 식당은 총잡이가 앞뒤로 열리는 나무 문을 온몸으로 밀고 들이닥쳐 주변을 둘러보는 서부영화의 한 장면 그대로였고, 2층은 테라스에서 악당이 서로 총을 겨누고 있는 모습이 보일 듯한 분위기였다.

    2003년 당시 멘도시노 지역은 휴대전화가 먹통이라 사용이 불가했다. 그 덕분에 산책도 하고 아내와 모처럼 오래 대화를 나눴다. 그간 살아온 세월이며 앞으로 살아갈 날, 남의 이야기가 아니라 우리 이야기를 하며 그동안 쌓인 언짢은 마음이 많이 풀어졌다. 직장 생활로, 고객들과 한 약속 때문에 평일이면 늘 늦게 귀가하던 내 처지를 설명하고 잃었던 점수를 만회할 수 있던 시간. 방도 굉장히 작고, 모든 면에서 굳이 두 번 가고 싶지는 않은 낡은 호텔이었지만 21세기의 시간 여행은 의미가 있었다.

아주 좋은 와인을
주문했군요

공간의 영향인지 사람도 달랐다. 저녁을 먹으려고 1층에 있는 식당으로 갔는데 홀에는 노부부 한 쌍과 우리 부부가 전부였다. 활기 넘치는 젊은 웨이트리스에게 음식과 와인을 주문했는데, 그가 놀란 눈으로 내역을 거듭 확인했다. 내가 주문한 와인은 실버 오크Silver Oak로, 당시에도 100달러가 넘는 고급 와인이었다. 우리가 시킨 스테이크가 둘이 합쳐 100달러가 안 되었으니 혹시 잘못 주문한 것이 아닌가 싶기도 했겠다.

우리나라 와인 숍에서 판매하는 가격보다 저렴해 반가운 마음에 냉큼 주문했는데 웨이트리스는 마치 레스토랑 최초로 실버 오크를 주문받은 듯한 표정이었다. 잠시 후 검은 정장에 보타이를 맨 나이 지긋한 매니저가 와인을 들고 와 서빙을 시작했다. "아주 좋은 와인을 주문했군요." 그는 부드럽게 웃으며 내게 이렇게 말했다. 그의 태도에는 좋은 와인을 주문한 우리에 대한 존중이 묻어났다. 그가 테이스팅용으로 와인을 조금 따른 후 부동자세로 서 있던 모습이 20년이 지난 지금도 눈에 선하다. 그는 60대쯤 되어 보였고, 당시 나는 50대였다. 나보다 연배가 높은 매니저는 와인을 따른 뒤 부동자세로 곁에 서 있다가 우리가 마시면 또 따라줬다. 지금도 차별이 모두 가시지 않았으니 아시아 사람을 바라보는 당시 미국인의 시선이 어떠했을지를 짐작해 보면 그의 태도가 더욱 의미 있게 다가온다. 프로라면 당연히 그래야 하지만 현실은 그렇지만은 않으니 말이다.

그날 맛본 실버 오크는 나파밸리가 아닌 소노마 카운티의 알렉산더 밸리산이었다. 나파밸리의 실버 오크는 블렌딩한 것이고, 알렉산더 밸리의 실버 오크는 카베르네 소비뇽 단일 품종으로 만든 것인데, 나는 단일 품종의 실버 오크가 더 부드러워 맘에 들었다. 아내는 지금도 그날 저녁 우리가 마신 실버 오크를 가장 좋아하는 와인으로 꼽는다. 아내가 그 와인을 두고두고 말하는 것은 이 와인에서 당시 우리가 나눈 긴 대화의 여운을 느낄 수 있기 때문이 아닐까. 기억을 고스란히 담아 두고두고 꺼내 볼 수 있다는 것. 이것이 여행과 와인, 함께 보낸 시간의 선물인 것 같다.

  2018년 여행 때는 나바로Navarro, 허시Husch, 로더러Roederer 와이너리에서 사 온 와인을 레스토랑에서 마셨다. 그 무렵 태평양으로 해가 지는 일몰이 황홀하기 그지없어 우리 일행은 약속이나 한 듯 밖으로 나가 사진 찍기에 몰두했다. 그 들뜬 모습이 지금도 눈에 어른거린다.

알록달록 글라스와
멘도시노 식물원

　　멘도시노에서 북으로 15분 정도 거리, 포트 브래그Fort Bragg 인근에는 독특한 컬러로 빛나는 해변이 있다. 글라스 비치Glass Beach 다. 글라스 비치는 빨간색, 녹색, 파란색, 그야말로 오색찬란하게 빛 나 마치 보석을 흩뿌려 놓은 것처럼 아름다운 풍경을 자아낸다. 진짜 보석일 리는 없고, 이유가 있었다. 원래 이 해변은 바닷가에서 수거되는 유리병 등의 쓰레기를 모아두는 매립장이었다. 하지만 오염이 너무 심해 1967년 잠정 폐쇄됐고, 이후 인간의 손길이 전혀 닿지 않은 채 긴 시간 방치됐다. 해변에 아무렇게나 깨지고 부서져 있던 수많은 유리병과 조각은 파도와 바람에 쓸려 조약돌처럼 뭉툭하게 깎였고, 지금의 아름다운 색색 해변이 된 것이다. 이런 걸 보면 인간의 흔적을 이렇게 승화해 버린 자연은 얼마나 경이로운가 싶다. 하지만 글라스 비치는 최근 또 한 번 위기를 맞고 있다. 형형색색 빛나는 유리 조각을 사람들이 하나씩 주머니에 넣어 가면서 그 색깔이 사라지고 있기 때문이다. 자연이 만든 선물에 인간이 또 흔적을 남기고 있다.

　　멘도시노 식물원은 미 서부의 유일한 바닷가 식물원이다. 나는 2003년과 2018년 방문했다. 1시간이면 둘러볼 정도로 규모는 작지만 알차게 가꾸어 구석구석 아름답고 정성스럽다. 몸이 불편한 이들을 위한 1인용 전동카트도 준비되어 있다.

　　이곳에 가면 로더덴드런Rhododendron 가든과 헤더Heather 가든을 꼭 챙겨 보라. 로더덴드런은 우리말로 만병초라고 불리고, 꽃시장에서도 종종 보이는데 우리 땅에서 자란 것과 느낌이 사뭇 다르다.

멘도시노 식물원의 헤더 가든. 다양한 종류의 헤더를 만날 수 있다. 사진의 모든 꽃이 헤더다.

OH'S TRAVEL NOTE
8박 10일

Day 1

	ICN(20:50) → SFO(14:00) 샌프란시스코 국제공항 도착.
16:30	Napa Valley(1시간) 샌프란시스코 국제공항과 나파밸리는 아주 가깝다.
18:00	Best Western Plus Inn at the Vines 이틀간 숙박.
19:00	Oxbow Public Market 저녁 식사. 여러 음식점이 모여 있는 푸드 코트지만 음식이 괜찮다. 고츠 로드사이드 라이브 파이어 피자Gott's Roadside Live Fire Pizza 혹은 호그 아일랜드 오이스터 바Hog Island Oyster Bar를 추천한다.

Day 2

07:30	Model Bakery Napa 호텔에서 조식을 먹거나 윈프리가 좋아하는 모델 베이커리 나파에서 아침 식사.
09:00	Silverado Trail Driving → Yountville(20분) 나파에서 차로 약 20분 거리에 욘트빌이라는 작은 마을이 있다. 실버라도 트레일 도로를 타고 욘트빌로 간다. 실버라도 트레일은 주변이 와이너리로 둘러싸인 아름다운 도로이고, 욘트빌은 미국에서 가장 아름다운 마을 중 하나로 꼽힌다.
12:00	Auberge du Soleil 점심 식사. 5성급 호텔 오베르주 뒤 솔레유 내의 레스토랑은 테라스가 넓다. 테라스에 앉아 파노라믹 뷰를 감상하며 식사한다. 디너는 비싸서 점심으로 스케줄을 짰다. 숙박 요금은 1000달러부터 시작한다. 숙박하지 않고 호텔 내 미쉐린 1스타 레스토랑에서 테라스 너머로 펼쳐지는 파노라믹 뷰를 감상하며 식사를 해도 좋다.
13:30	Yountville → Far Niente Winery(30분) 욘트빌에서 차로 30분 거리에 있는 파 니엔테 와이너리는 야외 테이스팅 테이블이 있어 분위기가 좋다.
16:00	Far Niente Winery → Saint Helena 세인트헬레나로 이동한다. 세인트헬레나는 역시 아무것도 하지 않고 있어도 마음이 풍성해질 정도로 예쁜 마을이다.
18:30	Two Birds One Stone 저녁 식사. 퓨전 동양식 레스토랑이다.

Day 3

07:30 호텔 조식 후 체크아웃.

08:30 욘트빌 프렌치 론드리 건너의 허브 팜을 산책한다.

10:30 **Napa Valley Wine Train** 나파역에 주차를 하고, 오전 10시 30분에 출발하는 와인 트레인을 탄다. 점심을 먹고 풍경을 감상하며 다시 출발지로 돌아온다.

14:30 **Dr. Wilkinson's Backyard Resort & Mineral Springs** 다시 북쪽으로 이동해 온천 리조트인 닥터 윌킨슨 리조트 앤드 미네랄 스프링스에 숙박한다. 1박에 500달러 정도로 결코 저렴하지 않은 호텔이지만, 나파 인근이 숙박비가 워낙 비싼 것을 감안하면 좋은 선택이다. 리조트 내 레스토랑에서 저녁 식사를 하며 하루를 마친다.

Day 4

07:30 호텔 체크아웃.

08:00 **Sam's Social Club** 샘스 소셜 클럽은 나파밸리 전체에서 최고의 조식을 제공하는 곳이다. 미쉐린 스타를 받은 곳이 아니지만 합리적인 가격에 훌륭한 음식을 제공하는 빕 그루망 Bib Gourmand에 선정되었다.

09:00 **Silver Oak Alexander Valley**(30분) 와이너리 실버 오크 알렉산더 밸리로 떠난다. 합리적인 가격에 좋은 와인을 구매할 수 있다. 다만 테이스팅은 권하지 않는다. 나파밸리에서의 와인 테이스팅은 앞서 방문한 스털링 와이너리 정도를 제외하면 대체로 가격에 비해 합리적이지 않다. 테이스팅보다는 와인을 구매하는 것을 추천하고, 여의치 않으면 입구에서 사진만 찍어도 충분하다.

12:00 **Healdsburg Bar & Grill** 점심. 힐즈버그 바 앤드 그릴은 미국에서 유명한 햄버거 레스토랑 중 하나다.

13:00 **Healdsburg Town Square** 힐즈버그는 욘트빌이나 세인트헬레나 못지않게 아름다운 풍경을 자랑하는 곳. 동네 구경만 해도 기분이 좋아진다. 식사 후 느긋하게 동네를 거닐자.

16:00 **L&M Motel** 개인적으로 베스트웨스턴 같은 비용이 합리적인 숙소를 좋아하지만 2018년 묵었던 베스트웨스턴은 시내와 멀고 시설도 별로다. 대신 L&M 모텔이 가성비가 훨씬 높다. 체크인을 하고 다시 시내로 나온다.

18:00   **Bravas Bar de Tapas** 저녁. 힐즈버그는 동네 구경만 해도 기분이 좋아지는 곳이다. 타운 플라자 주변을 돌아다니며 그 분위기에 젖어보자. 미쉐린 3스타 레스토랑 싱글스레드 SingleThread Farm-Restaurant-Inn을 비롯해 고급 레스토랑이 많다. 미쉐린 스타 레스토랑은 아니나 음식이 다양한 스페인 레스토랑 브라바스 바도 추천한다.

Day 5

07:30   호텔 체크아웃.

08:00   **Costeaux French Bakery** 힐즈버그의 고급 베이커리에서 조식.

09:00   **Healdsburg → BoonVille**(55마일/1시간) 아침을 먹고 힐즈버그를 떠나 앤더슨 밸리를 거쳐 아름다운 해안 도시 멘도시노로 떠난다. 분빌부터 본격적인 앤더슨 밸리다.

10:30   **Goldeneye Winery** 골든아이 와이너리는 와인 컴퍼니 덕혼Duckhorn의 자매회사로 피노 누아를 생산한다. 작지만 괜찮은 곳이니 잠깐 들러 저녁에 마실 와인을 사도 좋다.

11:00   **Hendy Woods State Park** 분빌에서 조금만 더 올라가면 헨디우즈 주립공원이 나온다. 큰 나무로 이뤄진 아름다운 숲과 개울이 있어 캠핑객 사이에 인기다. 잠깐 머물러 자연을 느껴본다.

12:00   **The Company Kitchen** 점심. 헨디우즈 주립공원 인근에 필로Philo라는 작은 마을이 있다. 이곳의 컴퍼니 키친에서 점심을 먹자. 멕시칸 푸드를 파는 곳이다. 식사 후 필로 근처 앤더슨 밸리에 있는 와이너리를 방문한다. Navaro에는 게브르츠 트라미나가, Husch에는 피노누아, 샤르도네, Roederer에는 스파클링 와인이 유명하다. 세 개의 와이너리가 모두 인근에 모여 있다.

16:00   **Philo → Little River Inn**(36마일/1시간)

17:00   **Little River Inn in Mendocino** 숙박. 멘도시노에 도착했다면 리틀 리버 인에 체크인을 하자. 영화 <에덴의 동쪽>을 찍은 제임스 딘, 배우 시절 로널드 레이건과 이후에 부인이 된 낸시 레이건이 묵기도 했다. 풍경이 매우 아름다운 곳이다. 천천히 걸으면서 감상하자.

18:00   **Little River Inn Restaurant** 저녁은 호텔 레스토랑에서 먹는다. 기왕이면 테이블보다 바에 앉아 먹기를 권한다. 바 옆에는 한국의 진달래나 철쭉 같은 화려한 꽃 로도덴드런이 피어 있다. 호텔 안에는 9홀 골프장이 있다. 여유가 있다면 이틀 정도 묵으며 가볍게 한 경기 즐겨보는 것도 좋겠다.

Day 6

07:30	호텔 조식 후 체크아웃.
08:30	**Glass Beach** 오전에는 북쪽의 포트 브래그Fort Bragg로 향한다. 포트 브래그에 있는 글라스 비치는 버려진 유리병이 세월에 씻겨 색색의 해변이 되었다.
10:00	**Mendocino Coast Botanical Gardens** 다시 길을 조금 내려와 멘도시노 식물원으로 향하자. 개인이 정성스레 가꾼 식물원이고 바다를 접하고 있어 더욱 귀하고 아름답다.
12:00	**GoodLife Cafe in Mendocino** 다시 멘도시노로 내려와 이곳에서 점심을 먹는다.
13:00	**Mendocino → Sea Ranch Lodge** 점심을 먹고 해안선을 따라 남쪽으로 향한다. 이 길에서 반드시 들러야 할 곳이 시 랜치 로지다. 미국 건축가이자 예일대학교 건축학과장을 역임한 찰스 무어가 지은 곳이다. 나무로 만든 건축물은 클래식과 모던을 근사하게 융합해 놓았다. 이곳에서 커피를 마시며 여유를 즐겨보자.
14:00	**Kruse Rhododendron State Natural Reserve & Salt Point State Park** 시 랜치 로지에서 조금만 이동하면 크루즈 로더덴드런 자연보호구역과 솔트 포인트 주립공원의 빼어난 풍광을 감상할 수 있다.
17:00	**River's End Restaurant & Inn in Jenner** 저녁 식사와 숙박 장소. 오후 6시가 넘어가면 노을이 탄성을 자아내는 곳이다. 이곳에서 저녁을 먹고 잠도 청하자.

Day 7

07:30	호텔 체크아웃.
08:00	**Cafe Aquatica** 조식은 여기서. 겉은 누추해 보이지만 야외에서 바다를 볼 수 있는 꽤 근사한 곳이다.
10:00	**Cypress Tree Tunnel** 조식을 먹고 사이프러스 터널로 향한다. 말 그대로 나무들이 서로 마주 보며 휘어 있어 마치 터널 같은 느낌을 준다. 사진 찍기 좋은 명소이니 이곳에서 다양한 추억을 남겨보자.
12:00	**The Marshall Store** 점심. 겉은 허름하지만 아주 훌륭한 음식을 내는 곳이다. 매장 안에서는 술을 마실 수 없지만 야외 자리에서는 가능하다. 굴을 시킨 뒤 챙겨간 화이트와인을 곁들여 먹으면 최고.

14:00   **The Inn at the Tides Bodega Bay** 숙소는 이곳으로. 체크인 후 인근 해안도로를 따라 산책한다.

18:00   **The Tides Wharf & Restaurant** 저녁 식사. 그 유명한 히치콕의 영화 <새>를 촬영한 레스토랑이다.

Day 8

07:30   호텔 체크아웃.

08:00   **Wild Flour Bread** 숙소에서 약 10분 거리에 '와일드 플로어'라는 빵집이 있다. <선셋> 매거진이 꼽은 소노마 최고의 빵집인데 아쉽게도 매장 내 식사가 안 된다. 매장 뒤 정원에 벤치가 있다.

09:00   **Oliver's Market in Petaluma** 인근 페탈루마라는 작은 도시에 한국인 김소영 씨가 운영하는 안단테 데어리Andante Dairy라는 작은 치즈 공방이 있다.

12:00   **In-N-Out Burger Novato** 점심. 미국 동부 최고의 버거가 쉑쉑 버거라면 서부 최고의 버거는 인앤아웃 버거다.

13:00   **Lombard Street & Pier 39 & Twin Peaks** 점심을 먹고 샌프란시스코 시내로 들어간다. 그 유명한 롬바드 스트리트와 피어39, 트윈픽스도 천천히 둘러본다.

18:00   **Han Il Kwan** 한일관 샌프란시스코점은 트윈픽스에서 가깝다. 마지막 식사는 한식으로.

19:00   렌트카 반납 후 비행기 체크인.

SFO(23:30) → ICN(+2일)

OH'S TRAVEL TIP

캘리포니아 와인

미국의 주요 와인 산지는 주로 서부에 있다. 나파밸리와 소노마를 포함한 캘리포니아를 시작으로 워싱턴주의 컬럼비아 밸리와 왈라왈라 밸리 그리고 오리건, 여기에 오리건과 경계를 마주한 아이다호에서도 썩 괜찮은 와인을 만날 수 있다. 여행의 재미 중 하나가 맛있는 음식인데, 와인을 찾아 맛보는 것 또한 놓칠 수 없는 즐거움이다. 게다가 우리나라는 주류세를 종가세를 기준으로 책정해 전 세계에서 와인을 가장 비싸게 마시는 나라라고 해도 과언이 아니니 여행지에서 맛보는 와인은 우리를 더욱 기쁘게 한다.

나파밸리에는 400여 개의 와이너리가 있다. 워낙 방대해 세 가지로 분류해 보았다. 먼저 우리에게도 익숙한 오퍼스 원Opus One, 인시그니아Insignia, 온다Onda, 최근 우리나라 회사에서 인수한 쉐이퍼Shafer, 케이머스 스페셜Caymus Special 등 최고급 와인이다. 그 밖에 스태그스 립Stag's Leap, 마야카마스Mayacamas, 실버오크Silver Oak, 퀸테사Quintessa, 파 니엔테Far Niente, 하이츠Heitz, 베린저Beringer 등도 최고급 와이너리다. 최고급 와인보다 한 급 위인 소량 생산하며 멤버십으로 판매하는 컬트 와인도 있다. 할란Harlan, 스크리밍 이글Screaming Eagle, 헌드러드 에이커Hundred Acre, 다나Dana, 콜긴Colgin, 프로먼토리Promontory, 슈레이더Schrader, 브라이언트 패밀리Bryant Family, 달라 베일Dalla Valle, 아브레우Abreu 등이 여기에 해당한다. 최고급 와인 못지않으면서 가격도 적당해 매력적인 뛰어난 와인도 있다. 덕혼Duckhorn, 케이크브레드Cakebread, 루이스 셀라Lewis Cellars, 몬다비Mondavi, 바소Basso, 잉글누크Inglenook, 발다치Baldacci, 지라드Girard, 악센도Accendo, 비브이BV, 오버추어Overture, 홀HALL, 레이먼드Raymond, 침니록Chimney Rock 등이다.

소노마의 와인으로는 힐즈버그를 중심으로 북쪽으로는 알렉산더 밸리의 카베르네 소비뇽, 드라이 크리크의 진판델, 그리고 서쪽으로는 러시안 리버 밸리의 피노 누아와 샤르도네를 꼽을 수 있다. 이 지역에서는 캘리포니아에서 가장 성공한 진판델과 뛰어난 피노 누아가 나온다. 부르고뉴보다 적당한 가격에 그곳 못지않은 피노 누아를 만날 수 있다. 알렉산더 밸리의 실버 오크Silver Oak,

조던Jordan, 한나Hanna, 프랜시스 포드 코폴라Francis Ford Coppola, 로드니 스트롱Rodney Strong, 드라이 크리크 밸리의 페라리 카라노Ferrari-Carrano, 릿지Ridge, 세게시오Seghesio, 트룰리 와인Truly Wines, 드라이 크리크Dry Creek, 킨셀라Kinsella, 러시안 리버 밸리와 소노마 코스트 지역의 피터 마이클Peter Michael, 포트 로스Fort Ross, 레이미Ramey, 메리 에드워드Merry Edward, 키슬러Kistler, 윌리엄스 셀리엄Williams Selyem, 핸젤Hanzell, 허시Hirsch, 폴 호브스Paul Hobbs, 오베르Aubert, 라크레마La Crema, 초크힐Chalk Hill, 리토라이Littorai 등의 와이너리가 있다.

멘도시노는 앤더슨 밸리를 중심으로 30여 곳의 와이너리가 있으며 최근 급성장하고 있다. 포도 재배 환경이 프랑스 알자스 지방과 비슷해 레드와인 품종인 피노 누아와 다양한 화이트와인이 생산된다. 게뷔르츠트라미너, 소비뇽 블랑, 샤르도네, 피노 그리, 피노 블랑, 슈냉 블랑 등 다양한 품종과 함께 다채로운 스파클링와인까지 생산한다. 나바로Navarro, 허시Husch, 로더러Roederer, 투메이Twomey, 골든아이Goldeneye, 핸들리Handley, 리천Lichen, 랭 앤드 리드Lang & Reed 등이 대표적인 와이너리로 꼽힌다. 나바로는 게뷔르츠트라미너, 랭 앤드 리드는 슈냉 블랑, 로더러는 스파클링와인이 좋다.

게뷔르츠트라미너와 진판델, 우리에게 익숙하지 않는 두 품종의 포도로 빚은 와인에 대해 이야기하려 한다. 우리 음식은 워낙 다양해 어떤 와인에도 잘 어울린다. 게뷔르츠트라미너는 리슬링처럼 향이 참 좋아 매력적이다 외국의 어느 와인 전문서에서 게뷔르츠트라미너는 중국의 쓰촨요리를 비롯해 인도, 태국, 한국의 매콤한 음식과 궁합이 잘 맞는다고 읽은 기억이 있다. 그래서 해외여행을 하다가 와인 숍에서 게뷔르츠트라미너 품종이 눈에 띄면 꼭 구입해 마신다. 진판델은 동유럽에서 재배하기 시작한 품종인데, 미국 캘리포니아에서 가장 성공적으로 적응한 것 가다. 가격도 적당하고 여러 면에서 매력적이라 인기를 끌어 미국인의 자존심을 높인 품종이다. 2006년 조지 부시 대통령이 일본 고이즈미 준이치로 수상을 백악관 만찬에 초대했을 때 내놓은 와인이 바로 소노마 지역 릿지Ridge에서 생산하는 리튼 스프링스 진판델Lytton Springs Zinfandel 이다. 2006년, 즉 고이즈미 수상을 초대한 해에 '파리의 재심판'에서 1등을 차지한 릿지 몬테벨로Ridge Monte Bello가 일본 회사 소유이고, 진판델은 미국 와 인이라는 양국의 자부심을 고려한 선택이 아닌가 싶다.

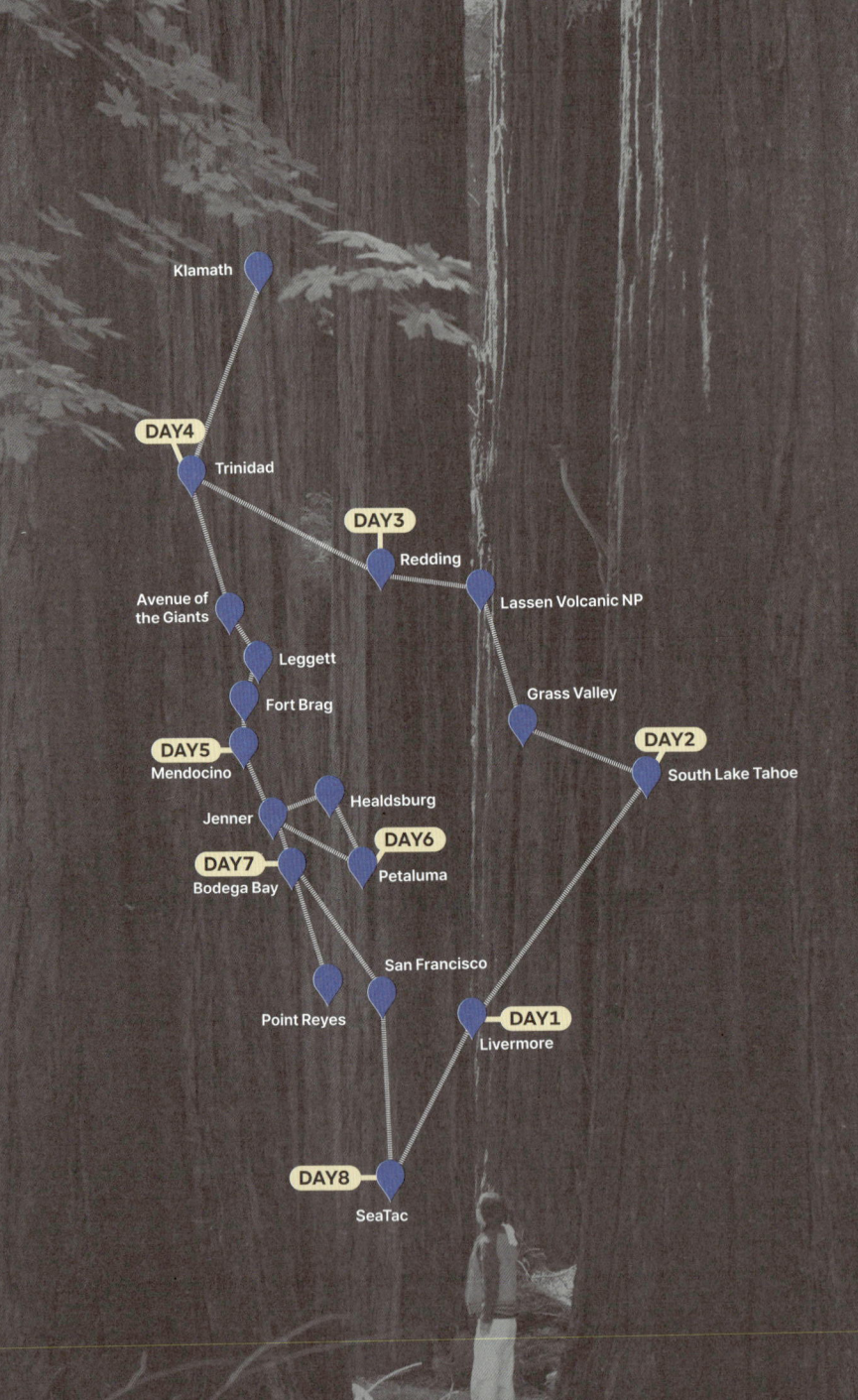

Northern California

무작정 달려도,
모두 아름답다

ROUTE 6

캘리포니아 여행을 말할 때 로스앤젤레스와 샌프란시스코를 뺀다는 것은 쉽게 상상되지 않는다. 남서부의 샌타바버라와 덴마크가 생각나는 마을 솔뱅Solvaing, 해안가 언덕 위에 자리 잡은 언론 재벌 허스트의 하얀 집 허스트 캐슬Hearst Castle, 미 본토에서 가장 길고 멋진 해안선으로 손꼽히는 빅서Big Sur, 골퍼들의 꿈이라는 페블 비치Pebble Beach, 초승달 모양 해안선이 매력적인, 예술가와 작가들이 유독 사랑하는 보헤미안풍 해변 캐멀바이더시Camel-by-the-Sea, 몬터레이 반도에서 페블 비치를 거쳐 퍼시픽 그로브Pacific Grove로 향하는 시닉 로드 17마일 드라이브17 Mile Drive 등 특별한 계획 없이 핸들을 잡고 달리면 눈에 보이는 모든 곳이 관광지라고 해도 과언이 아니다. 이 지역의 관광지는 대도시 로스앤젤레스와 샌프란시스코에서 접근하기 편리하고, 연중 날씨가 온화해 1년 내내 어디를 가도 인파가 넘친다. 앞서 언급한 관광지들은 워낙 유명해 나까지 나서서 안내하지 않아도 여행하는 데 아쉬움이 없을 것이다. 이미 여러 번 강조했듯이, 나는 이 책을 쓰며 줄곧 인파를 피하는 것을 염두에 두고 있다. 그래서 이번 코스에서도 여행지를 북부 캘리포니아로 정하고 자연경관이 빼어나되 인파로 몸살을 앓지 않는 동네, 한산한 시기를 골라 여정을 짰다. 샌프란시스코에서 출발해 맑디맑은 타호 호수, 라센 화산 국립공원과 레드우드 국립공원을 거쳐 캘리포니아 북쪽 해안을 따라 가는 로드 트립이다. 캘리포니아 북부는 남쪽의 밝고 화려한 멋과는 다른 슴슴하고 깊은 맛이 있다.

레드우드 국립공원의
검푸른 숲속으로

레드우드 국립공원과 애비뉴 오브 더 자이언츠Avenue of the Giants는 북부 캘리포니아에서 꼭 들러야 할 곳이다. 스테이트 루트 299State Route 299(SR299) 간의 길을 트리니티 시닉 바이웨이Trinity Scenic Byway라고 부른다. 국유림 사이로 달리는 황홀경을 이루는 산길을 지나 101 고속도로를 만나 북으로 가면 본격적인 레드우드 국립공원이 시작된다.

나는 레드우드 국립공원에 두 차례 가봤다. 1985년 레드우드 숲을 지나 오리건주로 올라가던 여행길이 처음이었다. 삼나무 숲이 무척 인상적이어서 이듬해 귀국하기 위해 이삿짐을 싼 후 우리 가족은 또다시 레드우드 국립공원으로 향했다. 대낮인데도 자동차 전조등을 켜야 할 정도로 어둑해서 조금 을씨년스럽고 무섭기까지 했다. 나무가 하염없이 위로 뻗어 올라 끝이 보이지 않고 안개가 낀 것처럼 시야가 흐리기도 하고, 저 멀리 푸른 하늘이 나뭇가지 사이로 어른거렸다. <쥬라기 공원 2: 잃어버린 세계>에서 공룡 사냥꾼 디에터 스타크가 죽음을 맞이하는 장면, <스타워즈 에피소드 6: 제다이의 귀환>에 등장한 행성 촬영지 등 화면 속에서도 비현실로 다가왔던 장면이 오버랩됐다.

지구상에서 자연의 회복력과 강인함을 유독 잘 보여주는 식물이 레드우드redwood, 미국삼나무일 것이다. 금문교를 지나 오리건주 초입까지 미국삼나무가 자란다. 해무가 수분을 공급하므로 1년 내내 삼나무 자라기 알맞은 환경이다.

일본에 삼나무가 많고. 우리나라 제주도 산굼부리에도 삼나무가 자란다. 제주도 삼나무는 박정희 대통령 시절 일본에서 들여왔다고 알려졌는데 실제로는 그 이전부터 있었다. 콘크리트 전봇대가 등장하기 전에는 곧게 뻗은 삼나무를 전봇대로 썼다. 미국삼나무는 보통 90~100미터까지 자라고, 우리나라와 일본의 삼나무는 30~40미터까지 자란다.

유네스코 세계자연유산인 레드우드 국립공원에는 세계에서 가장 키가 큰 112미터 높이의 레드우드를 비롯해 키 큰 나무가 즐비하고, 무려 수령 5000년이 넘는 나무도 있다. 지구에서 가장 긴 삼나무 숲길도 이곳에 있다. 수령이 오랜 나무는 밑동이 속에서부터 부식해 결국 속이 빈다. 그래서 그 나무를 관통하는 터널을 만들었다. 차가 지나갈 정도이니 그 크기를 짐작할 수 있을 것이다. 레드우드 국립공원과 주립공원 내에 3개의 나무 터널이 있는데, 나는 샹들리에 트리Chandelier Tree를 가보았다. 수령이 2400년을 넘었다. 두 번이나 갔지만 여전히 또 가고 싶고 아쉬움이 남는다. 오솔길을 따라 걸으면서 자유로이 구경할 수 있도록 1마일(1.6킬로미터) 정도에 달하는 산책로도 조성해 놓았다. 이 숲을 걷노라면 상서로운 기운에 휩싸인다. 건기인 5~9월이 방문 적기이며, 다른 시기에 가면 산책할 때 장화를 신어야 한다. 미국의 여름휴가 시즌이 끝나는 9월이 가장 적당한 때가 아닐까 한다. 비수기에 접어들어 한적하기도 하고, 미 서부 해안에서 가장 황홀한, 아름드리나무가 빼곡한 숲이 단풍으로 물든 장관을 목도할 수 있는 곳이기도 하기 때문이다.

레드우드 국립공원은 구글 리뷰의 미국 10대 주립공원 중

세 곳을 품고 있다. 훔볼트 레드우즈 주립공원Humboldt Redwoods State Park, 프레리 크리크 레드우즈 주립공원Prairie Creek Redwoods State Park, 제데다이아 스미스 레드우즈 주립공원Jedediah Smith Redwoods State Park 이렇게 세 곳이다. 각각 2위, 4위, 6위를 차지했다. 세 곳 모두 차로 닿으니 레드우드 국립공원에 갈 때 둘러보면 좋겠다.

샹들리에 트리.

애비뉴 오브 더 자이언츠. 물경 31마일(50킬로미터)에 이르는 레드우드로 둘러싸인 도로가 이어진다.

해발 2000미터 고지,
유리알처럼 맑은 타호 호수

고지대에 자리한 맑디맑은 타호 호수Lake Tahoe는 세계에서 가장 아름다운 호수라 해도 과언이 아니다. 호수 주변의 미동조차 없는 고요와 호수 너머 펼쳐지는 시에라네바다산맥Sierra Nevada의 웅장한 산세가 어우러져 비현실적일 정도로 수려하다.

타호 호수의 물은 유난히 맑은 것으로 유명한데, 시에라네바다산맥의 고산 지역에 쌓인 눈들이 녹아 흘러드는 데다 고지대에 위치해 탁한 물이 침범할 수 없기 때문이다. 이 덕분에 수심 약 20미터까지는 육안으로 볼 수 있을 정도다. 아마 물이 이렇게 맑은 호수는 세계 어디에 가도 쉬 찾을 수 없을 것이다. 한여름에도 물이 차서 종아리 이상 담그기 어렵다. 나는 호숫가 모래사장에 앉아 유리알처럼 맑은 호수를 바라보며 영화 <대부 2>의 한 장면을 떠올렸다. 알 파치노가 연기한 마이클이 작은형 프레도를 해치운 장면을 찍은 곳. 호수에서 홀로 보트를 타고 있는 프레도는 멀리서 날아온 총알을 맞고 보트와 함께 깊은 호수로 가라앉는다. 임무를 완수한 부하는 보스에게 전화를 걸어 이 격한 상황을 시처럼 읊는다.

"그는 물고기와 함께 자고 있습니다. He is Sleeping with the fishes."

2022년 개봉한 영화 <탑건: 매버릭>에 나오는 공항이 레이크 타호 공항이다. 톰 크루즈가 과격하게 활주하던 그 활주로 말이다.

타호 호수는 멋진 자연을 벗 삼아 다양한 활동을 할 수 있는 곳이기 때문에 연령이나 취향과 상관없이 누구라도 만족할 곳이다. 호수 북쪽 스쿼밸리Squaw Valley는 1960년 동계올림픽 개최지이기도 해 겨울에는 스키장 이용객이, 여름에는 하이킹족과 수상스포츠족이 즐겨 찾는다. 타호 호수에서 가장 유명한 즐길 거리는 카약인데, 이 해상도 높은 수면 위에서 노를 젓는 행위 자체가 커다란 힐링을 선사한다. 유람선에 탑승해 호수를 둘러볼 수도 있으니 각자 원하는 방식으로 타호 호수를 둘러보면 된다.

에지우드 타호 리조트Edgewood Tahoe Resort에는 미국 100대 명문 골프장 중 10곳 이상을 설계한 톰 파지오가 처음 설계에 참여한 골프장이 있다. 20대의 그가 숙부 조지 파지오George Fazio를 도와 설계했다. 톰 파지오의 이름을 걸고 만든 골프장은 아니지만, 그가 처음 설계에 참여한 골프장이라는 데 의미가 있다. 이곳은 지금도 미국 100대 퍼플릭 골프 코스에 포함된다.

타호 호수에서 스포츠를 즐기기에 알맞은 계절은 여름과 겨울이지만, 9월 하순에서부터 10월 초 사이에 가기 바란다. 한여름에 가족과 함께 찾아갔을 때도 물이 차가워 종아리까지 겨우 담글 수 있었다. 여름에 가도 수영은 무리다. 호수 주변 도로가 넓지 않아 성수기에는 교통체증이 어마어마하다.

타호 호수.

제임스 딘이 묵었던 바닷가 호텔,
리틀 리버 인

　　　　해외여행도 많이 하시고 사회적으로 존경받는 어른이 계시다. 팬데믹 이전에는 두 달에 한 번 뵙고 여행과 와인, 세상 이야기를 들으며 배울 점이 참 많다고 느낀 분이다. 10여 년 전인가, 그분이 샌프란시스코로 여행을 간다고 하셨다. 그때 금문교 근처 소살리토Sausalito라는 바닷가 마을에서 3일간 묵을 것이며 워싱턴의 대학교에서 교수로 재직하다 은퇴한 친구분도 합류한다고 했다. 그래서 내가 일정 중에 하루를 내서 꼭 멘도시노에 가시라고 권했다. 그분이 여행을 다녀오신 후 극찬하며 "40년간 미국에서 산 사람도 처음 가본다는데 어떻게 이곳을 알았습니까?" 하고 감탄하셔서 뿌듯했던 기억이 있다.

　　　　멘도시노는 내게 늘 다시 가고 싶은 곳이다. 2018년 다시 멘도시노Mendocino에 갔다. 이곳에 리틀 리버 인Little River Inn이라는 오래된 호텔이 있다. 19세기에 가정집으로 지은 건물을 1939년에 호텔로 개조했다고 하는데, 벽난로와 암체어, 테라스의 테이블과 의자 등에서 아늑한 가정집 분위기가 나고 유서 깊은 역사가 배어난다. 뒤로는 숲이 병풍처럼 드리워져 있고, 앞으로는 멘도시노의 아름다운 해안을 마주한다. 이곳은 전설적인 배우 제임스 딘이 영화 <에덴의 동쪽>을 촬영할 때 스태프들과 함께 묵었던 호텔이기도 하다. 제임스 딘은 생전 단 3편의 영화에 출연했다. 조연으로 참여한 <자이언트>로 시작해 <이유없는 반항>, <에덴의 동쪽>이 전부다. 교통사고로 요절한, 불꽃처럼 살다가 불꽃처럼 사그라든 배우다. 그 때문인지 제임스 딘이 어쩐지 쓸쓸한 미남으로 기억된다.

리틀 리버 인에는 그가 묵었던 오션 뷰 룸이 친절히 소개되어 있고, 로널드 레이건 전 대통령과 그의 부인도 이곳에서 영화를 촬영하며 만나 부부의 연을 맺었다. 당시 낸시는 주인공이고, 레이건은 조연이었다.

리틀 리버 인은 가슴이 탁 트이는 바다가 한눈에 들어오고, 멘도시노에서 유일하게 9홀 골프장을 갖춘 호텔이기도 하다. 이

호텔 오피스 근처에서 눈에 익은 꽃이 보였다. 분홍색 분꽃이었다. 우리나라 시골에서 볼 수 있는 꽃이 어떻게 이곳에 있는지 갸우뚱했다. 하기야 멘도시노도 시골이니까.

곳 레스토랑에서 저녁 식사를 한다면 테이블보다 바 자리에 앉기를 권한다. 테이블은 중앙에 있고 바 자리는 창가에 일렬로 놓여 있어 바 자리에 앉아 창밖을 내다보면 우리나라의 철쭉 같은 느낌의 꽃, 로더덴드런rhododendron이 만발해 장관을 이룬다. 마치 우리나라 철쭉이 여러 송이 다발로 묶어 핀 듯 화려한 모습이다.

이 로더덴드런은 멘도시노 해안 식물원Mendocino Coast Botanical Gardens에서도 만났다. 그 식물원은 은퇴한 노부부가 세상을 떠나기 전까지 열심히 가꾼 식물원으로 바다를 끼고 있어 더욱 아름답다. 2003년 목조건물인 멘도시노 호텔에서 묵던 날 우연히 근처 식물원의 존재를 알게 되었다. 찾아보니 전기 카트도 갖추고 있어 오래 걷기 힘들어하는 아내를 위해 전기 카트를 타면 좋겠다 싶었는데 예약은 불가하고 선착순이라고 했다. 아침을 먹고 서둘러 식물원으로 가서 그런지 1인용 카트를 빌려 탈 수 있었다.

2018년 와인 모임 친구들과도 식물원을 방문했다. 멘도시노 해안 식물원 내에 꼭 봐야 할 가든이 두 군데 있다. 하나는 로더댄드론 가든Rhododendron Garden, 또 하나는 헤더 가든Heather Garden이다. 서양 사람들이 제일 좋아하는 꽃 중에 하나가 로더댄드론이다. 진달랫과에 속하는데 꽃이 훨씬 크고, 꽃대 하나에 대여섯 송이가 달린다. 우리나라에서는 병을 낫게 한다는 뜻으로 만병초라고 불린다. 일산 국립암센터를 상징하는 꽃이 바로 만병초다.

양재 꽃 시장에 가면 만병초를 볼 수 있는데 몇 번인가 우리 집 베란다에서 가꾸려고 시도했지만 쉽지 않았다. 아무래도 화분에서 키우면 땅에 심을 때보다 잘 자라지 않는 것 같다. 영국에서는 헤더를 히스heath라고도 한다. 위스키를 만드는 스코틀랜드는 위도가 높아 나무가 거의 없고 히스처럼 키 낮은 풀들이 자란다. 히스가 죽어 땅에 묻혀 산화된 것을 피트peat라고 하는데 이 피트는 위스키를 증류할 때 주연료로 쓰인다. 찰스 왕이 좋아하는 라프로익 Laphroaig은 내가 마셔본 몰트 위스키 중에 가장 피트 향이 강했다. 나는 개인적으로 향이 좋고 부드러운 달 모어Dalmore를 더 좋아한다. 참고로 오늘날 일본의 산토리에서 나오는 몰트위스키 야마자키는 현지에서 배워온 후 숱한 노력 끝에 스코틀랜드 피트를 수입해 그맛에 도달했다. 그런 노력 덕분에 몇 년 전 몰트위스키 경연대회에서 산토리의 야마자키가 1등을 한 적도 있다.

소설 <폭풍의 언덕>의 배경으로 유명한 무어파크(정식 명칭은 노스요크 무어스 국립공원North York Moors National Park) 국립공원에는 온 산이 헤더로 가득하다. 헤더는 꽃 자체가 작아 하나하나가 눈길을 끌지는 않는데, 무리 지어 피어 있으면 무척 소담스럽다.

영화감독들이 사랑한 바닷가

북부 캘리포니아는 어디를 가도 경치가 탄성을 자아낸다. 그중 최고는 소노마 코스트Sonoma Coast다. 이 밖에 앨프리드 히치콕의 <새> 촬영지인 보데가베이 해변이 유명하고, 거기서 6마일(9.7킬로미터) 떨어진 스쿨하우스 해변Schoolhouse Beach은 <나는 네가 지난 여름에 한 일을 알고 있다> 촬영지로, 거기서 북쪽으로 5마일(8킬로미터) 올라가면 펼쳐지는 고트록 비치Goat Rock Beach는 스티븐 스틸버그의 고전 <구니스> 촬영지로 널리 알려져 있다. 구불구불한 길과 완만한 언덕으로 이뤄진 북부 캘리포니아 해변은 그만큼 환상적이다. 소노마 해안과 인근 작은 마을에 매료된 히치콕, 스필버그, 프랜시스 포드 코폴라(<대부>의 감독), 조지 클루니는 이곳에서 많은 영화를 촬영하며 이곳을 세상에 알렸다.

보데가베이Bodega Bay가 <새>의 촬영지라는 사실은 여행 중에 우연히 알게 됐다. 호텔에 짐을 풀고 들어간 레스토랑 벽에 히치콕의 <새> 촬영지라고 크게 써 붙여 놓은 덕분이다. 그 사실을 알고 나서 예정에 없던 보데가베이를 찾아갔다. 내가 간 날은 구름이 잔뜩 끼어 있어 <새>의 공포스러운 장면이 실감 나게 오버랩되었다. 보데가베이는 실제로 새가 많이 모여드는 곳으로 다양한 조류를 관찰할 수 있다고 한다.

보데가베이에서 그리 멀지 않은 포인트레예스스테이션Point Reyes Station에는 이름난 치즈 공방이 많은데, 미국의 50대 치즈 공방에 드는 곳이 두 곳이나 있다. 근처의 사이프러스 터널도 볼만하다. 2차선 도로를 사이에 두고 길게 늘어선 나무들이 도로 쪽으로 휘며

ROUTE 6 • Northern California

거대한 터널을 이루고 있다. 이곳에서 차로 30분 거리에 있는 마을 마셜Marshall은 굴로 유명하다. 2018년에는 '마셜 스토어The Marshall Store'에서 점심을 먹었따. 그 외에도 '토니스 시푸드Tony's Seafood', '호그 아일랜드Hog Island'도 좋다. 이 세 곳이 소위 맛집이다. 다양한 굴 요리가 있지만 6종의 굴이 플래터로 나오는 '록펠러'라는 메뉴를 추천한다. 레몬즙, 바비큐 소스, 치즈, 초리조, 훈제 등 다양한 소스와 조리법으로 만든 굴 요리가 이색적이라 먹어볼 만하다.

히치콕의 새의 배경이었던 호텔.
길 건너 식당에서 영화를 촬영했다.

포인트레이스 스테이션의 사이프러스 트리 터널. 바닷바람에 시달려 편백나무의 수형이 변한 듯하다.

땅 위에서
가볍게 산다

멘도시노의 제일 남쪽에 있는 후알랄라Gualala(영어로 알고 구알랄라 혹은 괄랄라로 읽는 경우가 있는데 현지에서는 이렇게 발음한다)를 지나자마자 나타나는 시랜치Sea Ranch라는 마을도 인상적이다. 인구 1000명이 조금 넘는 작은 마을은 지나치기 쉬운데, 건축학도이거나 건축에 관심이 있다면 시간을 내어 둘러볼 만하다. '바다 목장'이라는 뜻의 지명에서 눈치챌 수 있듯이 이 마을의 건축물은 1960년대 알 보케Al Boeke라는 건축가가 '땅 위에서 가볍게 산다'라는 모토로 지은 자연 친화적 건축의 효시다. 알 보케가 조셉 에셔릭Joseph Esherick, 돈린 린든Donlyn Lyndon, 찰스 윌러드 무어Charles Willard Moore, 리처드 휘태커Richard Whitaker, 윌리엄 턴불William Turnbull 등 당대 최고 수준의 건축가와 조경가 로런스 할프린Lawrence Halprin, 바버라 스타우파커 솔로몬Barbara Stauffacher Solomon 등과 함께 프로젝트를 진행해 주변과의 어우러짐을 최우선으로 고려해 어느 면 하나 튀지 않는다. 근래에 지었다고 해도 믿을 만큼 모던하면서도 자연 친화적이다. 마치 풍화되어 자연과 어우러진 집 같다고 할까. 현재는 단기로 렌트한다니, 현대적이면서도 자연을 닮아 편안해 번잡한 도시의 삶에 지친 사람들이 고즈넉하게 머무르기 제격일 듯싶다. 건물 내에 카페도 있으니 구경 삼아 가볼 만하다.

시랜치.

OH'S TRAVEL NOTE
8박 10일

Day 1

ICN(20:50) → SFO(14:00)

16:00   렌터카를 인수해 리버모어로 떠난다. 비행기 스케줄이 달라 일찍 도착할 경우 리버모어의 아웃렛을 먼저 보고 호텔로 간다.

18:30   Best Western Plus Garden Court Inn 숙소. 체크인 후 근처 한인 마트에서 아이스박스와 여행 중 필요한 물품을 구입한다.

19:00   Korean BBQ & Tofu 저녁 식사.

Day 2

07:00   호텔 조식 후 체크아웃.

08:30   Livermore → South Lake Tahoe(200마일/3시간 30분) 아침 식사 후 리버모어에서 타호 호수로 떠난다.

12:00   Bistro Edgewood Tahoe Resort 점심. 고급 리조트이니만큼 리조트 내 레스토랑의 식사도 훌륭하다. 이곳에서 브런치 혹은 점심 식사를 하고 타호 호수 인근을 가볍게 산책하자.

14:00   Gondola at Heavenly Ski Resort 에지우드 리조트 근처에 곤돌라 케이블카가 있다. 타호 호수 근처를 한눈에 조망할 수 있다. 다만 성인 기준 티켓 가격이 85달러로 꽤 비싼 편이다. 케이블카를 타는 대신 호수 근처를 산책해도 아름다운 풍경을 충분히 만끽할 수 있다.

16:00   Station House Inn South Lake Tahoe 숙소. 타호 호수와 가까운 데다 비용도 적당한 숙소다.

16:00   Emerald Bay State Park 숙소에서 차로 약 40분 거리에 에메랄드베이 주립공원이 있다. 호숫가 모래사장에 둘러싸인 풍경이 아름답고, 노을도 멋지다.

18:30   Cold Water Brewery & Grill 저녁 식사. 음식도 다양하고 맥주와 와인을 판다.

Day 3

08:00   The Gateway Cafe 호텔 조식을 먹거나 시간에 여유가 있다면 인근의

게이트웨이 카페에서 조식을 먹기를 권한다. 호수 풍경을 조망할 수 있는 데다 음식도 맛있다.

09:00　**South Lake Tahoe → Grass Valley**(98마일/2시간) 그래스 밸리로 이동한다. 그래스 밸리로 가는 길은 호수를 끼고 있기 때문에 경치가 장관이다. 중간중간 차를 세우고 사진도 찍으면서 천천히 이동하자.

11:30　**The Holbrooke Hotel** 호텔을 둘러보고 호텔에서 점심도 먹는다. 홀브룩 호텔은 로키산맥 서쪽에서 가장 오래된, 1852년 문을 연 유서 깊은 호텔이다. 4명의 역대 미국 대통령이 묵었던 호텔이자 <톰 소요의 모험>의 작가 마크 트웨인과 <야성의 부름>을 쓴 잭 런던도 단골이었다. 1층 바의 이름은 무려 '골든 게이트 살롱Golden Gate Saloon'다. 당시 금광 운영 회사의 경제력이 얼마나 대단했는지 짐작할 만하다. 이 호텔은 1974년 캘리포니아주의 랜드마크로 지정됐고, 최근 외관을 제외한 대대적인 리모델링이 이뤄졌다.

13:00　**Grass Valley → Lassen Volcanic National Park**(3시간) 점심을 먹은 후에는 라센 화산 국립공원으로 간다. 이름처럼 용암지대로 독특한 풍경을 볼 수 있다.

17:00　**Lassen Volcanic National Park → Redding**(1시간) 이제 레딩으로 떠난다. 레딩 자체는 딱히 특별한 곳이 없지만 라센 화산 국립공원을 통과하며 스쳐가는 풍경이 장엄하다.

18:00　**Best Western Plus Hilltop Inn** 숙소.

18:30　**Taroko Asian Bar & Grill** 저녁 식사. 한식부터 일식, 태국 음식까지 다양한 아시아 음식이 있다.

Day 4

07:00　호텔 조식 후 체크아웃.

08:00　**Redding → Trinidad**(150마일/3시간) 트리니다드는 레드우드 국립공원과 가까이 있는 작은 마을이다. 해변의 정취에 젖을 수 있고, 운이 좋으면 고래도 볼 수 있다.

11:00　**Trinidad → Klamath**(42마일/1시간) 트리니다드에서 차로 1시간 정도 이동하면 클래머스에 도착한다.

12:00　**Log Cabin Diner** 점심. 아담하고 소박한 분위기에서 정통 미국 가정식을 맛볼 수 있다.

13:00　**Redwood National Park** 레드우드 국립공원은 거대한 미국삼나무가 빼

곡히 늘어선 장엄한 풍광을 선사한다. 이 삼나무 숲 안에 있는 것만으로도 마음이 더없이 평온해지는 것을 느낄 수 있다. 레드우드 국립공원에서 나와 클래머스강 전망대Klamath River Overlook에도 올라가보자. 발아래 펼쳐지는 강과 계곡이 어우러진 풍경에 숨이 멎을 듯 아름답다는 표현을 실감하게 된다. 이곳에서 내려온 다음 목적지를 하우랜드 힐 로드Howland Hill Road로 잡고 움직이자. 아름다운 해안도로를 따라 언덕길을 올라가는데, 미국에서 손꼽히는 아름다운 길 중 하나다.

18:00 **The Lost Whale Inn Trinidad** 숙소. 해변에 위치한 호텔로 경관이 수려하기 이를 데 없어 보기만 해도 여행의 피로가 씻기는 듯하다.

18:30 **Trinidad Bay Eatery and Gallery** 저녁 식사. 싱싱한 해산물과 육류 요리, 해변 전망까지 갖춘 레스토랑이다.

Day 5

08:00 호텔 조식 후 체크아웃. 호텔에서 조식을 먹고 인근을 가볍게 산책하자. 아침 풍경은 전날 밤과 또 다른 느낌이다.

09:00 **Trinidad → Avenue of the Giants → Leggett**(120마일/3시간 30분) 트리니다드를 떠나 레깃으로 가는 길에 꼭 들러야 할 곳이 거인의 거리 애비뉴 오브 더 자이언츠. 101번 국도에 속하는 이 길은 도로 양옆에 거대한 미국삼나무들이 서 있어 마치 거대한 터널에 들어선 것 같은 기분을 느낄 수 있다. 이 길은 30마일 이상 이어지는데 거인들이 걸어 다니는 길 같다고 해서 이런 이름이 붙었다.

12:30 **The Peg House** 점심. <선셋> 매거진의 독자들이 직접 뽑은 미국 서해안 최고의 버거 가게다.

13:30 **Leggett → Fort Bragg**(44마일/1시간 30분) 점심 식사 뒤 포트 브래그로 떠난다. 포트 브래그에는 유명한 글라스 해변이 있는데 이름 그대로 해변에서 오색찬란한 빛이 반짝거린다. 과거에 버려진 온갖 유리병이 수십 년 동안 파도와 바람에 깎이며 몽돌처럼 둥글어졌고, 그 결과 보석처럼 갖가지 색으로 반짝이는 해변이 되었다. 아름다운 풍경을 느긋하게 감상하자.

16:00 **Mendocino Coast Botanical Gardens** 글라스 해변 조금 아래에 멘도시노 식물원이 있다.

17:00 **Little River Inn** 숙소. 해변 절벽 위에 지은 곳으로 해 질 녘 풍경이 그야말로 황홀경 빠뜨리는 곳이다. 체크인 후 멘도시노 시내를 가볍게 산책해 보자.

18:30 **Patterson's Pub** 저녁. 맥주와 와인을 파는 영국 펍 스타일 식당이다.

Day 6

08:00   호텔 조식 후 체크아웃.

09:30   Mendocino → Jenner(116마일/2시간 30분) 멘도시노에서 제너로 향한다.

12:00   Cafe Aquatica 점심 식사. 러시안강을 코앞에서 볼 수 있는 근사한 전망을 갖춘 곳이다.

13:30   Jenner → Healdsburg(36마일/1시간) 식사 후 힐즈버그로 떠난다. 나파밸리 인근에 있는 힐즈버그는 캘리포니아에서 아름답기로 유명한 욘트빌이나 헬레나 못지않게 경치가 수려한 마을. 산책하고, 힐즈버그 플라자에서 쇼핑도 하며 시간을 보내자.

17:00   Healdsburg → Petaluma(30분/1시간) 힐즈버그에서 작고 평온한 마을 페탈루마로 이동한다.

18:00   Courtyard by Marriott Petaluma Sonoma County 숙소. 보통 샌타로자로 많이들 가지만 샌타로자는 유동 인구가 너무 많다. 사람이 많이 몰리는 곳은 피해 여행하는 것이 우리의 목적이니만큼 이런 곳은 배제했다.

18:30   Soban Korean Cuisine 페탈루마에 '소반'이라는 이름의 한식당이 있다.

Day 7

07:30   호텔 체크아웃.

08:00   Sax's Joint 아침 식사. 일대에서 아주 유명한 레스토랑이다.

09:00   Petaluma → Jenner → Stillwater Cove Regional Park(1시간 30분) 페탈루마에서 제너를 거쳐 스틸워터 코브 지역공원으로 넘어간다. 스틸워터 코브 지역은 말 그대로 그림 같은 초승달 모양의 해변이다. 해변은 물론 절벽을 따라 이어지는 하이킹 코스도 아주 아름답다. 인근의 콜머 걸치 해변 Kolmer Gulch Beach도 꼭 가보기 바란다.

11:30   Jenner → Point Reyes Station → Cafe Reyes(53마일/1시간) 제너에서 남쪽 해안도로를 따라 포인트 레이스 스테이션으로 이동한다. 목적지는 점심 식사를 할 카페 레예스다. 정통 나폴리식 화덕 피자와 신선한 현지 굴 요리를 동시에 맛볼 수 있다.

14:00   Cypress Tree Tunnel 점심 후 사이프러스 터널로 떠난다. 2차선 도로를 사이에 두고 길게 늘어선 나무들이 도로 쪽으로 휘며 거대한 터널을 이루고 있다. 사진을 찍기 좋은 장소다.

15:00	Point Reyes Farmstead Cheese Co. 포인트 레예스 인근에 훌륭한 치즈 가게가 많다. 이곳에는 김치가 들어간 치즈 메뉴를 맛볼 수 있다.
16:30	Point Reyes Farmstead Cheese Co. → Bodega Bay(28마일/1시간) 이제 차로 1시간을 달려 보데가베이로 떠난다. 보데가베이는 약간은 어둡고 쓸쓸한 분위기를 가진 마을이다. 히치콕의 <새> 촬영지인데 실제로 보데가베이는 새가 많이 모여드는 곳으로 다양한 조류를 관찰할 수 있다.
17:30	The Inn at the Tides 숙소. 히치콕이 묵었던 호텔이기도 하다.
18:30	Spud Point Crab Co. 저녁 식사. 상호에 걸맞게 다양한 게와 굴 요리 등을 맛볼 수 있다. 히치콕이 들렀던 식당은 음식 맛도 그저 그렇고, 바위 위에 떠 있어 울렁거리기 때문에 식사 장소로는 권하지 않는다.

Day 8

08:00	호텔 조식 후 체크아웃. 이 호텔의 조식은 웬만하면 거르지 말자. 호텔 내에 있는 타이드 워프 앤드 레스토랑The Tides Wharf & Restaurant은 히치콕의 <새>를 촬영한 곳이다. 실제로 레스토랑에서 새들을 볼 수 있는데, 영화와 달리 그다지 무섭지 않다.
09:30	Bodega Bay → San Francisco(70마일/1시간 30분) 샌프란시스코로 돌아간다.
11:00	Twin Peaks 샌프란시스코의 명소 중 하나인 트윈피크스로 간다. 트윈피크스는 샌프란시스코의 랜드마크이자 정상에서 시내를 한눈에 내려다볼 수 있는 전망대이기도 하다.
12:30	Han Il Kwan or In-N-Out Burger 유명 버거 가게인 인앤아웃 버거에서 점심을 먹자. 한식을 원하면 한식당 한일관을 추천한다.
14:00	Lombard Street, Pier 39 지금은 워낙 유명한 곳이 됐지만 그럼에도 늘 흥미롭다. 역시 압권은 바다사자 무리다. 부두에 올라 일광욕을 즐기는 바다사자들을 보면 그 자체로 힐링이 될 정도다. 최근에는 지구온난화로 인해 피어39에 들르는 바다사자의 수가 줄어들고 있다.
17:00	공항으로 이동 후 렌터카 반납하고 공항에서 식사한다.

SFO(23:30) → ICN(+2일)

미국 국립공원 여행 시 인파를 피하는 법

미국의 국립공원은 위치와 날씨, 주차장을 비롯한 시설에 따라 성수기가 조금씩 다르다. 보통 미국의 여름휴가 기간과 노동절과 메모리얼 데이, 크리스마스 등 연휴 기간에 인파가 몰린다. 많은 사람이 날씨가 따뜻하고 화창한 이 기간에 휴가를 즐기기 때문이다.

1. 숄더 시즌shoulder season을 이용한다. 숄더 시즌이란 성수기와 비수기 사이 기간을 말한다. 미국의 국립공원 중 일부는 비수기를 맞는 겨울에 폐쇄하기도 한다. 대부분의 국립공원 숄더 시즌은 봄과 가을이다. 이 시기에 여행하면 인파를 피할 수 있을 뿐 아니라 숙박, 교통, 각종 시설 이용 비용도 절감되고, 맛있는 음식도 장시간 줄을 서서 기다리는 수고 없이 먹을 수 있다.

2. 성수기에 간다면 방문 시간을 조정한다. 부득이하게 성수기에 여행을 갔어도 방법은 있다. 이른 아침이나 늦은 오후 시간을 이용하면 주차장, 산책로, 명소 등이 한결 덜 번잡해 비교적 여유 있게 여행을 즐길 수 있다.

3. 포장 음식을 준비한다. 국립공원을 여행할 때 스트레스를 받는 일 중 하나가 식당 찾기다. 공원 내 식당은 먹으려면 오래 줄을 서서 기다려야 하는 데다 가격이 비싸고 맛도 썩 만족스럽지 않다. 샌드위치나 간식을 미리 준비해 '벤치 피크닉'을 즐기라. 아침 식사 장소에서 미리 준비하면 편하다. 특히 요세미티 국립공원은 예약제가 끝나는 10월 초에 가도 붐비는 곳이다. 옐로스톤, 그랜드티턴, 글레이셔, 자이언 등 인파가 많이 몰려 예약제를 시행하는 국립공원에 가려면 샌드위치 등 간단한 도시락을 준비해 가자. 식사하는 데 드는 시간을 줄이고, 경치 좋은 공원에서 여유롭게 피크닉을 즐길 수 있어 일석이조다.

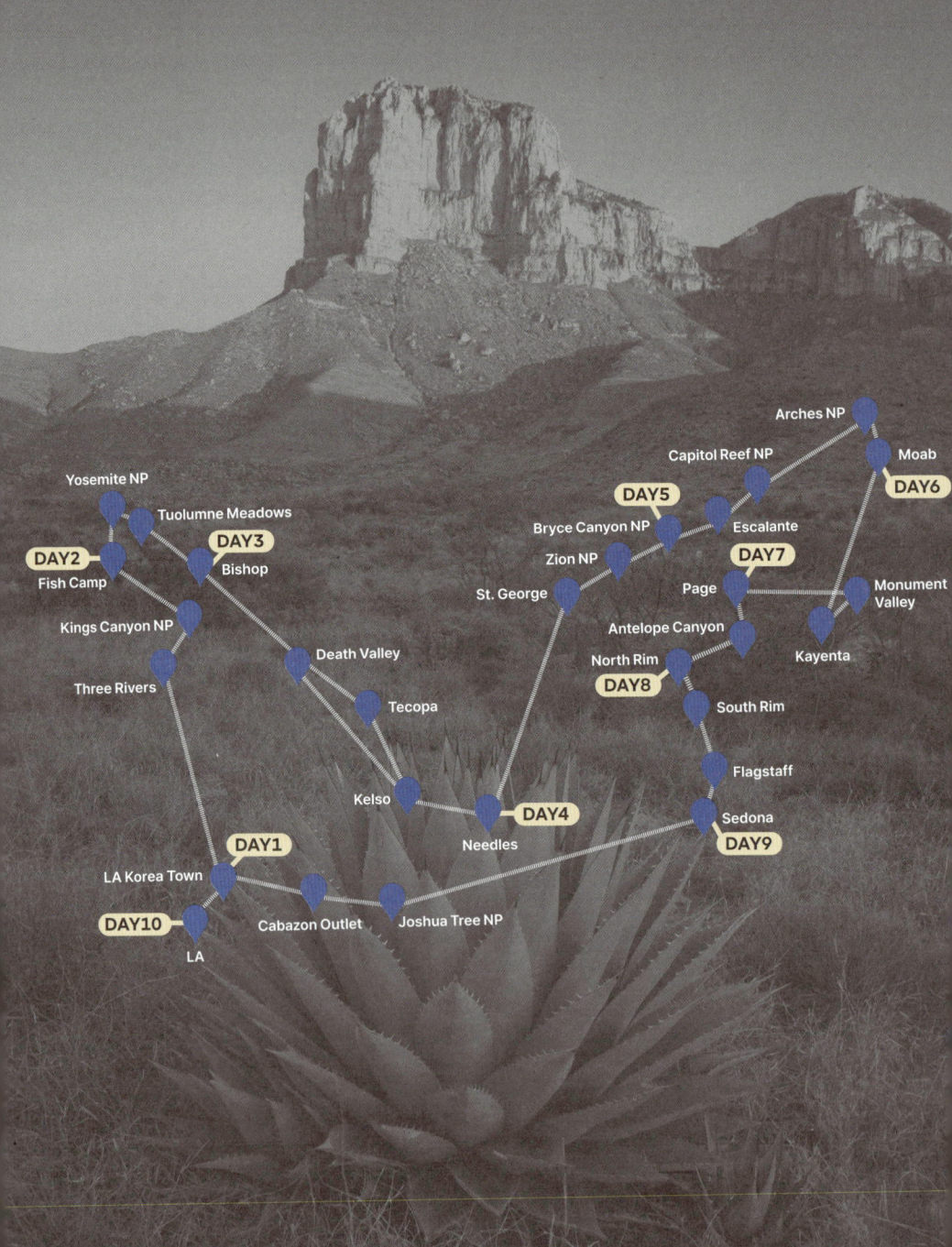

Yosemite, Grand Canyon & National Parks of Utah

무려 11개의 국립공원을
만나다

ROUTE 7

이번 코스에는 무려 11개의 국립공원이 포함되어 있다. 미 본토에서 가장 높은 산인 휘트니산이 자리한 시에라네바다산맥 서쪽으로 요세미티와 세쿼이아 국립공원이 위치하고, 동쪽으로는 데스밸리, 모하비, 조슈아트리 등 사막 지역을 품은 국립공원이 펼쳐진다. 여기서 더 동쪽으로 가면 그랜드캐니언을 위시해 유타주의 5개 국립공원인 자이언, 브라이스 캐니언, 아치스, 캐피털리프, 캐니언랜즈 국립공원이 있다. 상상만 해도 압도당하는 듯한 이 모든 곳을 아우르는 루트이니 기대해도 좋을 것이다. 무엇보다 수많은 영화의 배경이 된 모뉴먼트 밸리, 화려하고 웅장한 풍광을 자랑하지만 인간의 발길을 쉬 허락하지 않는 캐피털리프 등 미 서남부에서 여행자들이 가장 선망하는 국립공원을 여행한다.

루트 7의 코스는 반드시 10월 초순에서 중순 사이에 가야 한다. 요세미티는 인기 관광지라 9월 말까지 예약제로 운영하고, 데스밸리, 그랜드캐니언, 세도나, 조슈아트리 등 사막 지역은 짐작하겠지만 무조건 여름을 피해야 한다. 사막이지만 해발고도 1000미터 이상 고지에 있는 그랜드캐니언과 브라이스 캐니언은 11월 중순부터 언제 눈이 내릴지 모른다. 10월에 가면 인파를 피하고 비용도 절약할 수 있으므로 일석이조다. 그리고 절정을 살짝 비켜났어도 일말의 아쉬움도 남지 않을 만큼 감동을 안기는 단풍도 마음에 담을 수 있다.

누군가는 광대한 산악지대의 품에 안겨서, 누군가는 거대하고 황량한 사막을 눈앞에 두고서, 누군가는 국제 다크 스카이 협회에서 지정한 장소에서 밤하늘을 수놓은 은하수를 올려다보면서 가슴이 탁 트이고 심장이 두근거릴 것이다. 대자연이 빚은 이토록 아름다운 작품이 곳곳에 펼쳐져 있으니 장소도 일정도 저마다 각자의 상황에 따라 선택하기 바란다. 그래서 이번 코스에는 10박 11일의 전체 여정과 함께 별도로 가는 루트도 함께 설계했다.

별이 빛나는 밤

어린 시절 내가 살던 동네는 밤이면 하늘에서 별이 쏟아졌다. 서울 생활을 하면서는 설악산에 오르거나 도봉산 백운대에서 캠핑을 하면서 종종 별을 보았지만, 서울 도심에서는 별을 본 적이 거의 없다. 도시에서 나고 자란 사람이라면 별이 쏟아질 것 같은 밤하늘을 본 적이 드물 것이다. 하늘에 별은 늘 있지만 도심의 빛이 우리 눈을 가려 볼 수 없는 것이니, 한마디로 빛 공해 때문이다. 이번 루트에는 국제 다크 스카이 협회에서 지정한 별 보기 좋은 장소가 여럿 포함돼 있다. 국제 다크 스카이 협회International Dark-Sky Association, IDA는 빛 공해로부터 밤하늘을 지키기 위해 활동하는 국제단체다. 이름도 참 솔직담백하지 않은가. 이들은 인공 빛이 야기하는 오염과 에너지 낭비를 줄이고 야생 동식물을 보호해 빛에 대한 인식을 제고하는 것을 목적으로 활동한다.

눈부신 도시의 야경에서 벗어나면 별은 더욱 밝게 빛난다. 도시에서 멀리 떨어진 작은 마을에는 시야를 방해할 고층 건물이 없다. 게다가 도시의 고층 건물은 한밤중에도 불을 밝히고 있는 경우가 많다. 7~9월에 이 루트를 따라 가면 은하수와 별을 질리도록 보겠지만 10월에 가도 크게 아쉽지 않다. 데스밸리, 모하비사막, 조슈아트리, 요세미티, 아치스, 브라이스 캐니언, 캐니언랜즈, 캐피털 리프, 그랜드캐니언 등은 쏟아지는 별을 마주할 장소가 셀 수 없이 많다. 우리가 별밤을 보내는 곳은 일정의 순서대로 나열하면 요세미티, 비숍, 니들스, 세도나, 브라이스 캐니언, 그랜드캐니언 이렇게 여섯 곳이다. 덧붙이자면 루트 6에서 소개한 북부 캘리포니아 코스의 타호 호수와 멘도시노도 별을 보기 좋은 동네다.

과학기술이 발달하면서 사람들은 더 많은 시간을 실내에서 '편히' 지내고 있다. 그런데 자연에서 시간을 보내는 것이 인간의 정신적, 육체적 건강에 이롭다고 하니, 되새길수록 참 아이러니한 일이다. 작은 마을에서 밤을 맞이하며 별이 빽빽이 박힌 하늘을 바라보면 자연과 내가 연결되어 있음을 몸소 느낄 것이다. 그 감흥은 머리로 알고 있는 지식보다 한결 놀랍고 생생하게 다가온다.

아치스 국립공원.

유타주에서
가장 아름다운 길을 지나

새로운 환경으로 여행을 떠나는 것은 짧은 시간에 다양한 것을 즐기고 경험할 수 있는 가장 쉽고 좋은 방법이다. 자연의 경이를 피부로 느끼게 하는 비경이 끊임없이 이어지는 유타주도 자동차 여행지로 충분히 흥미롭다. 자이언과 브라이스 캐니언은 라스베이거스나 솔트레이크시티에서 접근하기 편리해 유타주의 국립공원 중 방문객이 가장 많은 곳이다. 특히 자이언Zion은 볼거리와 즐길 거리가 다양해 성수기에 조용히 둘러보려면 비교적 인적이 드문 아침 일찍 찾아가는 것이 좋다. 그리고 로스앤젤레스나 라스베이거스에서 출발해 바로 간다면 자이언 못 미쳐 세인트조지에 숙소를 잡기를 권한다. 자이언에 가까워질수록 호텔도 비싸고 예약하기도 어렵다. 세인트조지Saint George는 유타주 초대 주지사이자 모르몬교 2대 대관장인 브리검 영Brigham Young의 겨울 별장이 있는 곳이기도 하며 호텔과 음식점이 많다.

자이언에서 차로 1시간 정도 이동하면 브라이스 캐니언Bryce Canyon이 나타난다. 자이언의 풍광이 남성적이라면, 브라이스 캐니언은 여성스럽다. 오랜 세월에 걸친 풍화작용으로 빚어진 자연이 조각품 같은 느낌을 안긴다. 브라이스 캐니언에서 캐피털리프까지 이어지는 길인 12번 경관도로Scenic Byway 12는 이름에 걸맞게 유타주를 대표하는 아름다운 길로 선정됐다. 미국의 여러 매체에서 자국에서 가장 초현실적인 풍경이라고 언급했다. 산과 사막의 전망을 갖춘 잘 관리된 산악 도로, 10월에 가면 단풍 구경은 덤이다. 붉은 암석, 붉은 땅, 붉은 산… 온통 붉은 이 지역이 왜 그토록 많은 사람을 끌어당기는지 가보면 절로 고개를 끄덕이게 될 것이다.

유타주에서 가장 아름다운 도로인 12번 도로. 브라이스 캐니언에서 여기까지 가는 동안 다채로운 풍광을 만난다.

모뉴먼트 밸리.

요가 수행자의 성지,
세도나

　　　　1984년 옐로스톤과 로키마운틴 국립공원을 다녀오는 길에 못 가본 곳을 코스로 잡았다. 당시에는 그랜드캐니언과 라스베이거스가 로스앤젤레스 한인들의 일반적인 여행지였다. 세도나를 지나 주 간 고속도로 10번Interstate 10으로 가는 길. 1980년대 당시 세도나Sedona는 내 주변에 다녀온 사람이 없고 잘 알려지지 않았는데, 지도를 보니 직선거리 지름길로 보여 그 길을 선택했다. 기나긴 소나무 숲을 지나자 눈앞에 난데없이 붉은 바위 절벽이 나타났다. 그 낯섦과 거대함에 멈칫했다. 여태껏 보지 못한 기이하고 위압감을 주는 인상인 데다 차도 사람도 드물어 지나친 곳이었다. 집으로 돌아와서도 별로 가고 싶지 않은 곳이라고 생각했던 기억이 난다. 그런데 이 세도나가 애리조나주에서 가장 가볼 만한 곳으로 꼽히는 등 근래 주목받고 있다.

　　　　세도나는 별을 보기에 안성맞춤인 마을이다. 지역 정책으로 조도가 낮은 루멘 전구를 사용하도록 해 자연히 밤하늘을 감상할 수 있다. 세도나의 유명 관광지는 데블스 브리지Devil's Bridge, 성십자가 성당Chapel of the Holy Cross, 솔저스 패스 트레일Soldiers Pass Trail 등이다. 일정이 여의치 않아도 성십자가 성당은 반드시 올라가보기를 권한다. 그곳에서 보는 세도나 전경은 놓치기 아깝다.

　　　　세도나는 '기가 세기로' 알려진 영적인 장소다. 그래서 수도자나 요가 수행자, 명상하는 사람들이 몰린다. 우리나라 선학원의 지점도 있었다. 한마디로 미국의 계룡산인 셈이다. 수준 높은 호텔, 고급 레스토랑 체인, 럭셔리 스파 등이 앞다투어 들어서고, 걷기 좋은 트레일 코스가 개발되어 뜨고 있다. 세도나는 사막이지만 해발 고도 1300미터의 고지대에 위치하기 때문에 기온은 1년 내내 온화하다. 하지만 이곳 역시 가을, 10월 초에 가면 인파가 줄어 조용하고 단풍 구경도 원 없이 할 수 있다.

세도나 다운타운.

나무처럼 생긴 선인장,
조슈아 트리

조슈아 트리는 선인장의 한 종류다. 쉽게 설명하자면 나무처럼 생긴 특이한 선인장이다. 이 특이한 식물의 이름을 가진 조슈아트리 국립공원Joshua Tree National Park은 다양한 형태의 암석과 조슈아 트리, 꽃대가 삐죽하게 올라와 흰 꽃을 피우는 유카yucca를 빼면 그저 사막일 뿐이다. 이색적인 지형 때문에 걷기 좋아하는 사람이나 초보 암벽등반가, 캠핑족에게 인기가 많다.

이곳 북쪽 출입구 쪽으로 가면 유카라는 곳이 있는데, 길 왼쪽 산이 온통 유카 꽃으로 뒤덮여 눈이 내린 듯 새하얗다. 나는 사막에서 이 꽃을 처음 본 지라 그 땅의 꽃이거니 했는데, 우리나라에서도 잘 자란다고 한다. 우리나라에서는 5월 하순에 꽃대가 올라와 6월에 꽃이 만개한다.

조슈아트리는 로스앤젤레스에서 당일치기 여행도 가능하고, 인근의 유명한 겨울 관광지인 팜스프링스Palm Springs, 산하신토San Jacinto, 에어리얼 트램 케이블카, 안자보레고 사막 주립공원까지 둘러보는 1박 2일 코스도 볼거리가 많다. 당일이든 1박 2일이든 꼭 봐야 할 곳은 초야 선인장 정원Cholla Cactus Garden, 키즈뷰Keys View, 베이커 댐Baker Dam이다. 사막의 꽃을 볼 수 있는 3~5월에 가도 좋고, 꽃은 없지만 한산하고 날씨 걱정도 없는 10월이나 11월도 매력적이다.

조슈아 트리.

누구라도 반할 풍경, 요세미티

　　미국의 국립공원 중 요세미티처럼 다양한 아름다움을 지닌 곳도 드물다. 요세미티 국립공원Yosemite National Park은 누구라도 반하게 만들, 모든 것을 갖춘 곳이라 감히 말하겠다.

　　마리포사 그로브Mariposa Grove의 쭉쭉 뻗은 세쿼이아 나무들과 바위산 하프돔Half Dome을 가장 근거리에서 볼 수 있는 글레이셔 포인트Glacier Point, 터널을 지나자마자 엄청난 폭포와 마주하는 터널 뷰Tunnel View, 암벽등반가들이 생애 한 번이라도 꼭 오르고 싶어 하는 엘 캐피탄El Capitan, 유일한 동서 관통 도로인 타이오가 로드Tioga Road 등등 열거하자면 끝이 없다. 자연은 두말할 것 없고, 관광객을 환대하는 다양한 숙소와 음식점을 갖춘 마을, 발걸음을 이끄는 수많은 산책 코스 등 캘리포니아 최고의 국립공원은 도무지 두고 떠날 수 없을 만큼 매력적이다. 1킬로미터 높이의 엘 캐피탄은 새벽에 출발해 중간에 비박을 하며 등반하는 코스다. 초보 암벽등반가의 연습 장소로도 널리 알려져 있다. 국제 다크 스카이 협회에서 선정한 공원으로 별 마니아들이 사랑하는 곳이기도 하다.

　　이런 매력 때문인지 요세미티 국립공원은 연중무휴다. 하지만 이곳 역시 이국의 관광객에게는 10월이 적기다. 가장 좋은 시기는 10월 초순. 이곳은 이르면 10월 말에도 눈이 내리는데, 눈이 오면 꼭 봐야 하는 글레이셔 포인트와 타이오가 로드가 폐쇄될 수 있기 때문이다. 타이오가 로드를 거쳐 데스밸리로 가는 루트에 차질을 빚지 않으려면 10월 초가 최적기다. 공원을 가로지르는 아름다운 타이오가로드는 짧은 시간에 요세미티를 최대한 많이 보고 싶은 여행객들에게 안성맞춤인 곳이다. 요세미티는 갈 때마다 새록새록 매력을 더해 주재원 시절에 매년 한 번씩 갔던 것 같다. 어느덧 40년 가까이 된 아득한 옛 추억이다. 그 시절 함께했던 친구들이 그립다.

전 세계에서 가장 키 큰 나무인 제너럴 셔먼 트리.

요세미티 빌리지에서 바라본 전경.

머더 로드,
루트 66

　　우리가 여행하는 모하비사막Mojave Desert을 지나 니들스로 갈 때 루트 66Route 66을 이용한다. 이번 여행 중 수차례 통과하는 도로다. 1926년 개설된 루트 66은 시카고에서 시작해 서부의 샌타모니카에서 끝나는 미국 최초의 대륙 횡단 도로다. 말하자면 신작로쯤 된다. 이 도로는 동부에서 생산된 여러 물자를 서부의 항구까지 나를 목적으로 건설한 도로로 20세기 초 미국 산업의 밑거름이 되었다. 그런데 1986년 지도에서 사라졌다. 주와 주 사이를 잇는 고속도로가 생겼기 때문에 존재는 있으나 쓸모는 사라져 지도에 표기조차 되지 않는다. 이제 기억 속에만 남아 향수를 불러일으키는 이 길은 냇 킹 콜의 'Route 66'이라는 노래로 추억할 수 있을 뿐이다. 냇 킹 콜의 음색이 가사에 담긴 이야기에 깊이를 더한다. 1960년대 꽤 인기가 있었던 곡인데 우리나라 사람들은 사연을 모르니 감흥도 덜하다.

　　이 도로는 머더 로드라는 애칭으로 불린다. 존 스타인벡이 붙인 별명이다. 19세기에는 이렇다 할 길도 없는 험한 땅을 금광을 찾으려는 사람들이 헤맸고, 20세기에는 길이 뚫리고 이 길을 따라 사람들이 몰렸다. 존 스타인벡의 소설 <분노의 포도>에도 루트 66이 나온다. 주인공 가족이 고향을 등지고 서부를 향해 가던 바로 그 도로 말이다. 실제로 농업을 포기해야 했던 많은 농민이 일자리를 찾아 캘리포니아로 떠났고, 그들이 지나던 길이 루트 66이다. 서부로 가려면 험준한 로키산맥을 넘어야 하니 저 아래로 돌아 루트 66으로 우회했다. 존 스타인벡의 부모도 이 길을 따라 캘리포니아의 살리너스

Salinas라는 곳까지 와서 농사를 지으며 자리 잡았다. 거기서 존 스타인벡이 태어나고 자라 죽었다.

루트 66은 미국 곳곳에 다양한 도로가 건설되면서 그 역할이 예전만 못했고, 한때 미국의 고속도로 시스템에서 활용도가 떨어져 사라질 위기에 처했지만, 역사적 의미와 사람들의 향수를 고려해 복원되었다. 그리고 일부 마니아들이 그 길을 찾아 나서곤 한다. 워낙 길고 오래된 도로이다 보니 손상된 곳이 많았고, 이로 인해 사고도 잦아 한때 '블러디 66Bloody 66'이는 오명도 뒤집어썼다. 지금은 재정비로 이런 위험은 사라졌다.

우리는 이 머더 로드를 모하비사막에서 40번 고속도로를 타고 니들스Needles까지 달릴 것이다. 이후 그랜드캐니언을 지나 플래그스태프Flgstaff에서 세도나로 간다. 이글스를 좋아한다면 플래그스태프에서 1시간 정도 동쪽으로 가면 윈슬로Winslow라는 마을이 있다. 'Hotel California'라는 명곡을 낳은 록 그룹 이글스가 여기서 부른 노래가 'Take It Easy'이다. 마을에 이글스를 기리는 조형물도 있다.

최초의 드라이브스루drive-through 햄버거 가게가 등장한 곳도 바로 이 루트 66을 통과하는 일리노이주 스프링필드Springfield의 Red's Giant Hamburg라는 곳이다. 루트 66을 따라 여행하는 여행객이 워낙 많았기 때문에 간이식당도 많이 생겨, 이 중 일부는 오늘날까지도 남아 있다. 니들스에서 저녁을 먹는 곳이 바로 그때부터 있었던 레스토랑이다.

모뉴먼트 밸리와
그랜드캐니언 노스림

1984년, 첫 장거리 여행 때였다. 콜로라도의 로키산맥과 메사버드 국립공원Mesa Verde National Park을 거쳐 모뉴먼트 밸리에서 하룻밤을 묵고 세도나를 거쳐 로스앤젤레스로 돌아올 계획이었다. 그런데 동행한 가족의 둘째 출산이 임박해 어둑한 가운데 우뚝한 모뉴먼트 밸리를 어렴풋이 보고 발길을 돌렸다. 그때는 모두 같은 마음으로 되돌아와 아쉬운 줄도 몰랐다. 1960년대 서부영화의 거장 존 포드 감독 영화에 단골로 등장한 곳을 눈앞에서 스친 후 1990년대 영화 <포레스트 검프>를 보며 아쉬움을 달랬다. 톰 행크스가 하염없이 달리던 장면 말이다.

그 반면 흡족하게 누린 곳도 있다. 미국 여행 하면 너나없이 떠올리는 곳 그랜드캐니언은 그 명성에 걸맞게 늘 수많은 관광객으로 붐빈다. 열이면 아홉이 그랜드캐니언을 보기 위해 사우스림으로 향한다. 사람이 많아 주차하기도 쉽지 않고, 기념사진을 남기기도 만만치 않다. 그랜드캐니언에 가려고 지도를 보다가 노스림을 발견했다. 오히려 다음 목적지로 가는 지름길이기도 해서 노스림North Rim으로 향했다. 그런데 이 지점이 그랜드캐니언을 조망하는 데 최적지였다. 그랜드캐니언을 제대로 보려면 노스림으로 가보라. 사우스림 방문객의 10%밖에 오지 않아 언제 가도, 심지어 성수기에 가도 한산하다. 물론 공원 내 숙소는 3개월 전에 예약해 두어야 안전하다.

노스림에 얽힌 추억도 있다. 1985년 추수감사절 연휴의 일을 생각하면 지금도 웃음이 절로 난다. 회사 동료 총 다섯 가족이 브라이스 캐니언을 거쳐 노스림에 다녀오는 길이었다. 내가 선두에 서고, 뒤로 차 네 대가 줄지어 달렸다. 앞에서 속도를 내면 나머지 네 대도 달리고, 느려지면 함께 속도를 줄이고, 추월하면 또 그대로 따랐다. 내비게이션도 휴대폰도 없던 시절이라 일행을 놓치면 연락할 길이 없었다. 그래서 출발 전에 깜빡이를 두 번 반짝반짝 하면 다음 출구에서 빠져나가 기름을 넣거나 밥을 먹는다는 식으로 미리 약속을 했다. 워키토키로 서로 연락한 적도 있다.

다섯 팀이 함께 간 여행에서는 워키토키 대신 선두인 내 차의 뒤 유리창에 야광등을 달았다. 노스림에서 빠져나와 다음 목적지를 향해 즐겁게 달리는데 어디선가 사이렌 소리가 들렸다. 소리는 점점 커졌고 사이드미러로 보니 우리 행렬 뒤로 경찰차가 보이는 것이 아닌가. 하는 수 없이 내가 차를 멈추고 나머지도 모두 섰다. 편도 1차선 도로, 추월은 점선일 때만 허용되는데 추월선이 다섯 대가 모두 통과할 만큼 길지가 않았던 것. 그래서 다섯 대 모두 딱지를 뗐다. 한 차만 서 있다가 갔더라면 하나만 끊었을 텐데 싶어 안타까웠지만, 그때 우리는 모두 그렇게 순진했다.

두 집이 로스앤젤레스에서 출발해 솔트레이크시티까지 가던 때의 포복절도 사건도 잊지 못한다. 중간에 라스베이거스가 있지만 여름이라 더우니 건너뛰기로 한 터라 장장 700마일(1100여 킬로미터)를 달려야 했다. 그래서 운전자의 졸음 방지를 위해 아내가 노래를 부르기로 했다. 워키토키 버튼을 누르고 앞차와 뒤차가 번갈아 한 곡씩 한참 부르다가 가수들이 지쳐 그만하자며 멈췄다. 그런데 워키토키 스피커를 통해 낯선 남자의 목소리가 들려왔다. "Mom, Sing again!" 이게 무슨 일이람? 알고 보니 트러커들의 워키토키에 우리의 한국 노래 메들리가 잡힌 것이다. 두 차에 나누어 탄 일행 모두 한바탕 웃었다. 그들의 앙코르 요청에 한 곡 더 부르고 얼굴도 모르는 외국인들에게 "Thank you." 하는 감사 인사를 들었다.

워키토키 노래 사건도, 딱지 5장 사건도 지나고 나니 소중한 추억이자 어느 때고 되새기며 함께 웃을 일이다.

말런 브랜도의 무덤,
데스밸리

지난 125년간 이어온 영화 역사에서 가장 중요한 배우를 한 명만 꼽으라면 아마 태어난 시대와 성별에 따라 수많은 배우의 이름이 거론될 것이다. 하지만 가장 많은 표를 받는 배우는 아마도 말런 브랜도가 아닐까 싶다. 말런 브랜도는 영화 역사에서 그야말로 혁명을 일으킨 배우이기 때문이다.

지금은 <대부>로 가장 많이 기억되겠지만, 그는 1950년대 할리우드 황금기의 마지막을 상징하는 아이콘 같은 배우였다. 제임스 딘이 말런 브랜도를 모방하면서 등장했다는 것은 꽤 유명한 사실이다.

말런 브랜도가 이렇게 시대의 아이콘이 된 이유는 단순히 잘생긴 얼굴 때문이 아니라 연기파 배우의 시대를 열었기 때문이다. 말런 브랜도가 등장하기 전 할리우드 배우들의 연기는 꽤 과장된 경우가 많았는데, 말런 브랜도는 연극적 과장에서 벗어나 극 중 인물의 상황에 감정을 이입해 극도의 리얼리즘을 추구했다. 독창적이고 압도적인 그의 연기는 영화라는 매체의 가능성을 훨씬 넓혔다고 해도 과언이 아니다. 나는 <대부>에서 마피아 조직을 이끌던 카리스마 넘치는 남자가 말년에 손자와 포도밭에서 장난을 치며 놀다가 쓰러지는 장면을 잊을 수가 없다. 또한 그는 자신의 인기에 안주하지 않고 매번 새로운 역할을 찾아다녔다. 그의 필모그래피를 보면 당대 최고의 스타가 연기하기에는 지나치게 위험한 역할이 많다. 육체적 위험이 아니라 그의 명예를 깎아내릴 수 있는 역할 말이다. 그는 반골 기질이 강하고, 흑인문제 등에도 자기 목소리를 낸 선구적 인물이었다. 배우로서도, 한 인간으로서도 상당히 선이 굵은 인물인 셈이다. 하지만 배우로서 성공적인 커리어를 쌓은 것과 별개로 그의 사생활은 그리 행복하지 않았다. 2004년 폐질환으로 숨을 거두기 직전, 그는 자신의 유골을 데스밸리에 뿌려 달라고 요청했고 실제로 그렇게 됐다. 데스밸리는 말런 브랜도의 유골이 묻힌 거대한 무덤인 셈이다.

내가 이곳에 갔던 1980년대에는 데스밸리와 조슈아트리는 국립공원이 아니라 국립기념물National Monument이었다. 1990년대 의회에서 사막 보호 관련법이 통과돼 국립공원으로 승격되었다고 한다.

데스밸리.

모하비사막,
경비행기의 무덤

　　　　　모하비공항 및 우주항Mojave Air and Space Port은 명칭은 공항이지만 실제로는 여객기나 화물수송기가 오르내리는 곳이 아니다. 오히려 다른 용도로 사용된다. 바로 '비행기의 무덤'이다. 2000년경부터 수명이 다한 비행기는 대부분 이 모하비사막으로 몰려들어 폐기되곤 한다. 쓸 만한 부품은 떼어내어 팔고, 일부는 영화 촬영을 위한 소품 등으로 이용한다. 모하비사막이 비행기의 무덤이 된 데는 크게 두 가지 이유가 있다. 우선 날씨가 고온 건조해 항공기가 부식될 위험이 낮다. 미 정부는 유사시에 대비해 비행기를 재활용할 수 있기를 바랐다. 두 번째 이유는 사막이라 토지 이용 비용이 매우 낮았기 때문이다. 이 덕분에 모하비 공항에는 수천 대에서 수만 대에 이르는(아무도 모른다), 즉 엄청나게 많은 수의 낡은 비행기가 모여 있다.

　　　　　아무도 살지 않는 사막의 황무지라는 특성은 또 하나의 특징을 낳았다. 바로 무기 실험이다. 세계 최고의 군사력을 자랑하는 미국은 신무기를 개발할 때 테스트 장소로 바로 이 모하비사막을 이용한다. 생명체를 거의 볼 수 없으니 살상용 무기의 테스트베드로는 이만한 곳이 없는 셈이다.

하룻밤부터
다섯 밤까지

　　　　　이번 루트는 10박 11일로 이 책에 소개하는 일정 중 가장 길다. 여기 열거한 곳을 적어도 한 번은 다녀와야 미국 서부에 대해 이야기할 수 있을 것이다. 이 책의 마지막 루트로 잡은 코스는 1980년대 내가 로스앤젤레스에서 근무할 때 가족, 회사 동료 가족과 함께 당일치기 또는 2박 3일 일정으로 여행한 곳을 재구성했다. 그후 40년 가까이 다시 가지 못해 1980년대에 요세미티, 세쿼이아, 그랜드캐니언을 가본 것이 전부다. 그것도 짬짬이 그때그때 상황에 따라 1박 2일부터 3박 4일까지 다양한 일정으로 다녔다. 그 덕분에 1박 2일 코스부터 5박 6일 일정까지 곁들여 소개한다. 누군가는 요세미티 국립공원의 광대한 산악지대의 품에 안겨서, 누군가는 끝없이 이어지는 거대하고 황량한 사막을 눈앞에 두고서 누군가는 국제 다크 스카이 협회에서 지정한 장소의 까만 밤하늘을 가득 메운 은하수와 별을 보면서 영혼의 휴식을 누릴 것이다.

　　　　　조슈아트리는 로스앤젤레스에서 차로 2시간이면 도착한다. 그러니 1박 2일, 심지어 당일치기 여행도 가능하다. 황무지 가운데 우뚝한 조슈아 트리를 보고, 영화 <보난자>의 촬영지인 예쁜 산악 마을 아이딜와일드Idyllwild에서 하룻밤을 묵고, 다음 날 안자보레고 사막 주립공원Anza-Borrego Desert State Park을 지나 남부 캘리포니아 최고의 와인 산지인 터메큘라로 가서 점심을 먹고 돌아오는 코스다. 터메큘라Temecula는 인디언 말로 '안개 사이로 햇살'이라는 뜻이다. 태평양의 바닷바람이 산을 만나 안개가 생성되고 비가 내려 튼실한 포도를 키운 땅이다.

2박 3일 일정은 로스앤젤레스를 기점으로 세쿼이아 국립공원Sequoia National Park과 킹스 캐니언 국립공원Kings Canyon National Park을 들러 피시캠프Fish Camp에서 하룻밤 자고 요세미티 국립공원으로 가서 온종일 머무는 여정이다. 요세미티는 가본 사람으로서 누구라도 좋아하리라 장담한다. 그리고 비숍Bisop에서 하룻밤을 자고 395번 도로를 타고 로스앤젤레스로 돌아온다. 이 길은 오른쪽으로는 미국 본토에서 가장 높은 휘트니산을, 왼쪽으로는 데스밸리 사막을 끼고 달리는 황홀경을 선사한다. 1980년대에 본 광경이 아직도 눈앞에 삼삼하다.

노스림에서 바라본 그랜드캐니언.

OH'S TRAVEL NOTE
10박 12일

Day 1

ICN(20:40) → LAX(16:30) 로스앤젤레스 국제 공항 도착.

18:00   로스앤젤레스 한인 타운 도착 및 숙박. 첫날은 한인 타운에서 보낸다. 한국에서 미리 한인 타운 내 렌터카 서비스를 예약하고 그 업체에 공항 픽업을 부탁하면 편안하게 한인 타운까지 이동할 수 있다. 한인 타운 내에 호텔이 많으므로 적당한 곳에 숙소를 잡고 인근 레스토랑에서 저녁을 먹는다. 한인 마트에서 가벼운 스낵, 음료, 아이스박스 등을 구매해 놓는 것도 잊지 말자.

Day 2

07:30   호텔 조식 후 체크아웃.

08:30   **Three Rivers**(200마일/3시간 20분) 한인 타운에서 스리리버스로 떠난다.

12:00   **Sierra Subs and Salad** 중간 기착지인 스리리버스에는 시에라 서브스 앤드 샐러드라는 샌드위치 가게가 있다. 이곳은 미국의 레스토랑 평점 사이트인 옐프Yelp가 선정한 '미국 내 100대 맛집'에 들 정도로 유명한 곳이다. 이곳에서 샌드위치를 포장해 다음 목적지인 세쿼이아나 킹스 캐니언 국립공원에서 점심으로 먹으면 좋다.

13:00   **Three Rivers → Kings Canyon NP**(42마일/1시간) 세쿼이아 국립공원에 인접한 스리리버스에서 차로 1시간만 더 달리면 킹스 캐니언 국립공원에 도착한다. 세쿼이아 국립공원에서는 세계에서 가장 큰 세쿼이아인 셔먼 장군 나무General Sherman Tree, 두 번째로 큰 세쿼이아인 그랜트 장군 나무General Grant Tree를 볼 수 있다. 거대한 세쿼이아가 길게 늘어서 빚어내는 풍경은 감탄이 절로 나온다. 두 공원 중 적당한 곳에서 샌드위치도 먹고, 주변을 즐기자.

16:00   **Kings Canyon → Fish Camp**(110마일/2시간) 킹스 캐니언을 나와 차로 약 2시간을 달려 피시캠프에 도착한다. 피시캠프는 한적하기 그지없는 요세미티 국립공원 초입에 있는 작은 마을이다.

18:00   **Tenaya Lodge** 숙소에 체크인 후 저녁 식사. 다음 날 가는 요세미티 국립공원의 숙소는 예약이 쉽지 않으므로 이곳에서 마음 편히 밤을 보내자.

Day 3

07:30   호텔 조식 후 체크아웃.

08:30   **Fish Camp → Yosemite NP**(3마일/10분) 테나야 로지에서 차로 10분이면 요세미티 국립공원에 닿는다. 남쪽 입구로 들어가면 처음 만나게 되는 건 마리포사 그로브Mariposa Grove. 거대한 자이언트 세쿼이아가 집단으로 서식해 장관을 이루는 곳이다. 충분히 풍경을 즐겼으면 글레이셔 포인트Glacier Point로 이동한다. 차로 이동할 수 있는데 이곳에 올라가면 요세미티의 전경을 한눈에 볼 수 있다. 글레이셔 포인트에서 내려와 요세미티 빌리지Yosemite Village로 이동한다. 내려가면서 터널을 하나 지나는데 터널이 끝나자마자 펼쳐지는 풍경이 탄성을 자아낸다. 저 멀리 브라이덜 폭포가 마치 신부의 면사포처럼 물줄기를 길게 드리우는 모습을 볼 수 있다. 요세미티 빌리지 안에는 호텔, 캠핑장, 식당 등 편의시설이 잘 갖춰져 있다. 참고로 주말에 이곳에 오면 인파에 휩쓸리기 십상이므로 전날 숙소였던 테나야 로지에서 샌드위치를 사 와서 근처 테이블에서 먹는 것도 현명한 방법이다. 빌리지에서 나오면 엘 캐피탄El Capitan이라는 900미터 높이의 수직 화강암이 있다. 암벽 등반가 사이에서 명성이 자자한 곳이다. 이 깎아지른 듯한 절벽에 매달려 있는 암벽 등반가들을 목격할 수 있다.

14:00   **Yosemite Village → Tuolumne Meadows**(50마일/1시간) 오후 2시 정도에 요세미티 국립공원에서 나와 차로 20분 정도 이동하면 투올루미 메도우라는 고원지대가 나타난다. 그냥 지나치기 쉬운 곳이지만, 아고산대 초원을 산이 감싸고 있는 이곳의 풍경은 볼 만한 가치가 충분하다.

16:30   **Tuolumne Meadows → Bishop**(84마일/1시간 30분) 비숍으로 이동해 Best Western Bishop Lodge 호텔 체크인.

18:10   **Bishop Creek Canyon** 호텔에서 나와 비숍 크리크캐니언까지 드라이브한다. 왕복 약 1시간 거리로 주변 풍경이 눈부시게 아름답다. 가을에 가면 시에라네바다산맥 근처에서 사시나무 단풍이 가장 곱게 물드는 곳이기도 하다.

19:00   The Upper Crust Pizza 저녁 식사.

Day 4

07:30   호텔 조식 후 체크아웃.

08:30   **Bishop → Death Valley**(110마일/2시간 30분) 비숍에서 데스밸리로 떠난다. 30미터가 넘는 이상의 높이의 메스키트 플랫 샌드 듄Mesquite Flat

Sand Dunes은 말 그대로 모래언덕이다. 신기하게도 모래가 계속 움직인다. 그래서 길이랄 것도 없고 찾기도 어려워 눈에 보이는 가장 높은 언덕으로 올라가면 된다. 해 질 녘이나 보름달이 뜬 밤의 사구는 숨이 멎을 듯 아름답다. 자브리스키 포인트Zabriskie Point는 각양각색으로 주름진 산등성이가 모여 있는 곳이다. 손으로 그린 듯한 굴곡이 어우러져 빚어내는 풍광은 말로는 도저히 설명이 안 된다. 다면 한낮에 가면 그 아름다움을 온전히 느낄 수 없으므로 가급적 해가 지는 순간에 가보기를 권한다. 퍼니스 크리크 비지터 센터Furnace Creek Visitor Center는 시설이 잘 갖춰져 있고, 데스밸리를 한눈에 볼 수 있는 박물관도 잘 정비되어 있으니 방문해 보자.

12:30 **Death Valley → Tecopa Bistro**(53마일/1시간) 127번 도로를 타고 테코파로 간다. 테코파에 온천이 있는데 수질이 미국내 최고라는 평가가 있어서인지 멀리 엘에이에서도 4시간을 달려 찾아온다고 한다. 라스베이거스에서 1시간 반 거리다. 이곳에서 점심도 하고 온천욕도 해봄직하다.

13:30 **Tecopa → Kelso**(120마일/3시간) 점심 식사 후 모하비사막으로 떠난다. 도중에 켈소라는 곳에서 잠깐 쉬자. 모하비사막에서 유일하게 자동차가 정차할 수 있는 곳이다.

16:30 **Kelso → Needles**(86마일/1시간) 켈소에서 다시 니들스로 향한다. 가는 중간에 켈소 디포 비지터 센터Kelso Depot Visitor Center가 있다. 원래는 기차역이었지만 2005년 모하비사막을 방문하는 사람들을 위한 센터로 다시 정비한 곳이다. 인근 사막의 문화와 자연사 등을 설명하는 전시물, 20세기 전반의 창고 생활을 보여주는 공간 등이 있다.

18:30 **Best Western Colorado River Inn** 숙소.

19:00 **Wagon Wheel Restaurant** 루트 66 시절부터 인기 있는, 서부극에 나올 법한 분위기의 레스토랑이다.

Day 5

07:30 호텔 조식 후 체크아웃.

08:30 **Needles → St. George**(230마일/3시간 30분) 니들스를 떠나 15번 도로를 타고 세인트조지로 떠난다.

12:00 **Flavor of Seoul** 점심은 한식당에서.

13:00 **St. George → Zion NP**(40마일/1시간) 식사 후 자이언 국립공원으로 간다. 자이언Zion은 예루살렘의 옛 이름인 시온을 따 이름 지었다. 시온처럼

넓고 아름다운 곳이라는 뜻이다. 4시간 정도 자이언을 가볍게 둘러보자. 자이언에서 가장 유명한 하이킹 코스는 엔젤스 랜딩Angels Landing이다. 정상에서 내려다보는 풍경이 천사가 머물다 간 것처럼 청아하다는 뜻에서 붙은 이름이다. 마음만 먹으면 당일 왕복도 가능할 만큼 짧은 루트지만 꽤 험난하다. 시간이 충분치 않은 경우 편도 20분 정도 걷고 돌아와도 좋다.

엔젤스 랜딩 외에 더 내로The Narrows라는 코스도 있다. 길 양쪽으로 나 있는 좁은 절벽 사이의 길을 걷는 코스인데, 중간중간 허리 위까지 잠길 정도로 꽤 물이 깊은 곳도 있다. 필요하면 워터 슈즈를 빌릴 수도 있다. 이 길 역시 끝까지 가면 좋겠지만 무리하지 말고 편도 20분 정도만 걸어보자.

16:00 **Zion NP → Bryce Canyon NP**(72마일/1시간 30분) 자이언 국립공원을 나와 브라이스 캐니언 국립공원으로 이동한다.

17:30 **The Lodge at Bryce Canyon** 숙소이자 저녁 식사 장소. 로지 앳 브라이스 캐니언은 위치가 그야말로 절묘하다. 건물 밖을 나서면 나무로 둘러싸인 근사한 산책로가 나오고, 거기서 5분 정도만 걸으면 깎아지른 절벽의 위풍당당한 기세를 감상할 수 있다.

Day 6

07:30 호텔 조식 후 체크아웃.

08:30 **Bryce Canyon NP** 오전에는 브라이스 캐니언 국립공원 곳곳을 돌아보자. 그랜드캐니언 같은 거대한 협곡에 비해 상대적으로 규모는 작지만 접근하기 쉽고, 좀 더 섬세한 풍경을 볼 수 있다. 자이언에서처럼 이곳에서도 가벼운 트레일을 추천한다. 17.7킬로미터의 림 트레일Rim Trail은 난도도 적당하고, 멋진 풍경을 볼 수 있는 산책로다. 1.3킬로미터 길이의 쉬운 왕복 코스인 모시 케이브 트레일Mossy Cave Trail도 괜찮다.

10:00 **Bryce Canyon NP → Escalante → Capitol Reef NP**(120마일/2시간 30분) 브라이스 캐니언 국립공원에서 출발해 12번 경관도로를 타고 캐피털리프 국립공원으로 떠난다. 12번 경관도로는 유타주에서 가장 아름다운 길로 꼽힌다. 가는 길에 에스컬랜티에서 점심 식사를 한다. 키바 커피하우스는 커피숍이지만 먹거리도 판다. 점심을 먹고 이곳으로 향하는 길이 눈길을 끌 뿐 딱히 볼거리가 없으니 곧바로 캐피톨리프 국립공원으로 향한다.

14:00 **Capitol Reef NP → Arches NP → Moab**(154마일/2시간 50분) 캐피털리프 국립공원에서 시작해 아치스 국립공원을 거쳐 모아브로 향한다.

17:00 **Best Western Plus Canyonlands Inn** 숙소.

18:00   **Moab Diner** 저녁 식사. 모아브 다이너(간이식당)는 유타주 최고의 다이너로 선정된 유명한 맛집이다.

Day 7

07:30   호텔 조식 후 체크아웃.

08:30   **Moab → Kayenta → Monument Valley**(169마일/3시간) 모압을 떠나 케이엔타를 거쳐 모뉴먼트 밸리로 향한다. 케이엔타는 모뉴먼트 밸리 초입에 있는 작은 마을이다.

11:30   **The View Restaurant** 점심. 이름 그대로 모뉴먼트 밸리의 풍경을 전망하며 식사할 수 있는 곳이다.

14:00   **Monument Valley → Best Western View of Lake Powell Hotel** (127마일/2시간 20분) 숙소에 체크인.

17:00   **Horseshoe Bend** 호텔에 짐을 풀고 나와 인근의 호스슈 벤드로 향하자. 말발굽 모양의 독특한 지형으로 잘 알려진 곳이니 기념사진을 찍고, 인근을 가볍게 산책하자.

18:00   **Sunset 89** 저녁 식사. 한국인이 자주 와서 그런지 메뉴가 독특하다. 한국식 만두에 고추장 소스까지 있다.

Day 8

07:30   호텔 조식 후 체크아웃.

08:30   **Page → Antelope Canyon**(7마일/10분) 10분 거리에 그 유명한 앤털로프 캐니언이 있다. 1억 년 넘는 긴 세월 동안 침식과 풍화작용을 거쳐 만들어진 곳으로 그야말로 자연의 신비를 체감할 수 있다. 앤털로프 캐니언은 국립공원이 아니기 때문에 원주민이 운영하는 투어에 참여해야 둘러볼 수 있다. 철저히 예약제로 운영하기 때문어 늦어도 3~4일 전에는 예약해야 한다. 앤털로프 캐니언의 층층이 쌓이며 굴곡을 이룬 풍경이 아름답다.

12:00   **Strombolli's Italian Restaurant & Pizzeria** 점심. 캐주얼한 이탤리언 레스토랑이다.

13:00   **Antelope Canyon → Grand Canyon North Rim**(123마일/2시간 30분) 이제 그랜드캐니언 노스림으로 떠난다. 그랜드캐니언에서 가장 유명한 곳은 수많은 관광객이 몰려드는 사우스림이다. 상대적으로 소외된 노스림은 사우스림에 비해 관광객이 10%에 불과하고, 관광버스도 오지 않는다.

이 덕분에 아주 한적하게 그랜드캐니언 곳곳을 감상할 수 있다.

15:30   **Grand Canyon Lodge** 숙소. 노스림 안에는 숙소가 이곳밖에 없다. 저녁 식사도 로지 내에서 한다.

Day 9

07:30   호텔 조식 후 체크아웃.

08:00   **North Rim → South Rim**(207마일/3시간 30분) 노스림에서 그랜드캐니언을 충분히 보았으므로 사우스림은 전망 좋은 두세 군데에서 사진만 찍고 플래그스태프로 이동한다.

12:30   **South Rim → Flagstaff**(78마일/1시간 30분)

14:00   **Diablo Burger** 그 유명한 디아블로 버거에서 점심을 먹자. 디아블로 버거는 <USA 투데이>가 선정한 애리조나주 최고의 버거 가게이다.

15:00   **Flagstaff → Sedona**(30마일/1시간) 세도나는 미국 원주민의 성지이자 삶의 터전이었던 곳이다. 자연이 경이롭고 영적인 기운이 충만한 땅으로 알려져 전 세계의 수행자들이 생애 적어도 한 번은 가고 싶어 하는 곳이다.

16:00   **Best Western Cottonwood Inn** 숙소. 체크인 후 세도나를 둘러본다.

18:30   **Oak Creek Brewery and Grill** 저녁 식사. 숙소에서 가까운 곳에 있는 레스토랑이다. 맥주와 와인이 있는 펍 형태의 레스토랑인데, 수제 맥주 대회에서 수상한 이력을 자랑한다.

Day 10

07:00   호텔 조식 후 체크아웃.

08:00   **Sedona → Chiriaco Summit Restaurant → Joshua Tree NP**(400마일/5시간) 세도나를 떠나 치리아코서밋 레스토랑에서 점심을 먹고 조슈아트리 국립공원으로 향한다. 건조한 미국 남서부 모하비사막 일대에서만 볼 수 있는 나무 조슈아는 성경에 등장하는 이스라엘 민족의 지도자 여호수아의 미국식 표기다. 참고로 조슈아는 나무가 아니라 용설란에 속하는 식물이다. 공원 안에 이런저런 즐길 거리가 많은데, 가장 인기 있는 것이 1마일(1.6킬로미터)에 달하는 히든 밸리 네이처 트레일Hidden Valley Nature Trail이다. 기묘한 형태를 띤 크고 작은 바위를 볼 수 있는데 거리도 비교적 짧아 인기가 많은 곳이다. 초야 선인장 정원Cholla Cactus Garden은 말 그대로 선인장의 숲이다. 이 메마른 땅, 사막에 생명의 기운을 불어넣으

며 피어난 선인장이 무리 지어 있는 모습이 가슴 먹먹한 감동을 선사한다. 사람 두개골 모양의 거대한 바위 스컬 록Skull Rock도 놓치지 말자.

17:00 **Joshua Tree NP → Cabazon Outlet**(40마일/50분) 로스앤젤레스 쪽을 여행하는 사람들이 보통 쇼핑을 위해 가장 많이 들르는 곳이 데저트힐 아웃렛인데, 같은 공간에 카바존 아웃렛이 있다.

19:00 로스앤젤레스 한인 타운으로 돌아와 차를 반납하고, 한인 타운 내의 편한 호텔을 숙소로 잡자. 식사도 인근 식당에서 하면 된다. 일정 비용을 지불하면 렌터카를 빌린 업체에서 공항까지 바래다주는 서비스를 이용할 수 있다.

LAX(23:00) **→ ICN**(+2일)

에필로그

　　　　나는 나의 미래가 지나온 과거에 의해 결정되는 것이 아니라 지금부터 내가 무엇을 하느냐에 따라 좌우된다고 생각한다. 누구든, 생의 어느 시기를 지나고 있든 상관없이 소망이나 목표를 가지고 지금부터 이루어가야 한다. 그러므로 우리가 관심을 가져야 할 것은 '지나간 시간이 얼마나 좋았거나 아쉬웠는가' 하는 점이 아니라 '남은 시간을 어떤 마음가짐으로 살아갈까' 하는 점이다.
　　　　어느덧 나이를 세고 싶지 않은, 누군가는 생이 저물어가는 황혼기라고 이르는 때를 맞았지만 나는 스스로 아무런 소망도 없이 되는 대로 살기에는 아까울 만큼 여전히 젊다고 생각한다. 나이는 숫자에 불과하다고 하지 않는가. 그러니 결코 나를 가로막는 장벽이 될 수 없다. 그저 좋아하는 일을 계속하고, 묵묵히 그런 시간을 쌓아가다 보면 우리는 기대한 것보다 더 많은 무언가를 이룰 수 있다.
　　　　대자연과 마주하는 여행에서 얻은 충만감은 살아오면서 마음속에 쌓인 온갖 찌꺼기를 깨끗이 씻어내준다. 나는 긴 여행을 다녀올 때마다 앞으로 누군가를 미워하거나 주어진 환경을 아쉬워하지 말고 좀 더 겸허히 살아야겠다고 다짐한다. 또 가진 것이 많다고 행복하지도, 가진 것이 적다고 불행하지도 않다는 생의 진리를 새삼스레 깨닫는다. 사랑하고 감사하며 살아갈 날도 그리 길지 않을진대 누군가를 미워하고 내가 갖지 않은 것을 부러워하는 것만큼 어리석은 일이 또 있을까.

삶의 성공은 대단한 무엇이 되고 무엇을 이루는 것이 아니라 가까운 사람들에게 사랑을 베풀며 인정받고, 조금이라도 더 나은 세상을 만드는 데 미약하나마 힘을 보탤 수 있는 사람으로 사는 것이라고 생각한다. 그런 믿음으로 살아왔기에 지난날을 되새기며 누군가에게 작은 보탬이 되기를 바라며 이 책을 썼다.

1980년대 초반 로스앤젤레스 주재원으로 근무할 기회를 준 회사와 여행 준비부터 함께 하며 길벗이 되어준 가족과 친구들, 은퇴 후 장거리 여행에 기꺼이 동참해 준 한남동 친구들과 와인 모임 회원들에게도 한없는 사랑과 감사를 전한다. 또 내 경험을 높이 사며 책을 내도록 용기를 북돋우고 많은 도움을 준 지인들에게 깊은 고마움을 전한다. 책을 쓰기 위해 긴 미국 여행의 기억을 정리하며 그 길 위에서 가족이나 친구들과 함께 쌓은 추억이 떠올라 새삼스레 감동이 밀려왔다. 내 인생을 더욱 풍요롭게 만들어준, 내가 사랑하고 나를 사랑해 주는 모든 인연에 깊이 감사한다. 끝으로 책의 여정에 나서 시동을 걸고 도착하기까지 많은 도움을 준 피앤지코퍼레이션 고호성 대표에게 특히 깊은 고마움을 전한다.

2023년 봄을 앞두고
오남수

40년간 자동차로 누빈
미국 서부 로드 트립

다시, 서쪽으로 가다

초판 1쇄 발행 2023년 3월 5일
초판 2쇄 발행 2023년 4월 5일

지은이 오남수

펴낸곳 브.레드
책임편집 이나래
에디터 이기원
교정교열 최현미
사진 Alamy
디자인 아트퍼블리케이션 디자인 고흐
마케팅 김태정
제작 지원 피앤지코퍼레이션
인쇄 ㈜상지사P&B

출판 신고 2017년 6월 8일 제2017-000113호
주소 서울시 중구 퇴계로 41길 39 703호
전화 02-6242-9516 팩스 02-6280-9517 이메일 breadbook.info@gmail.com

ⓒ오남수, 2023

이 책 내용의 전부 또는 일부를 재사용하려면 출판사와 저자 양측의 동의를 얻어야 합니다.

ISBN 979-11-90920-31-5 13940